中青年经济学家文库

湖北省教育厅人文社科一般项目《湖北企业 IPO 决策、技术创新于地方政策上市激励机制研究》（项目编号：15Y051）

湖北工业大学博士启动基金项目《基于技术创新的企业 IPO 决策效应分析》（项目编号：BS-QD2015040）

技术创新视角下企业 IPO 决策机理及上市后绩效研究

刘 洋 著

中国财经出版传媒集团

经济科学出版社

Economic Science Press

图书在版编目（CIP）数据

技术创新视角下企业 IPO 决策机理及上市后绩效研究/刘洋著. —北京：经济科学出版社，2020.7
ISBN 978-7-5218-1453-8

Ⅰ.①技…　Ⅱ.①刘…　Ⅲ.①上市公司-企业管理-研究-中国　Ⅳ.①F279.246

中国版本图书馆 CIP 数据核字（2020）第 055939 号

责任编辑：刘　莎
责任校对：杨　海
责任印制：邱　天

技术创新视角下企业 IPO 决策机理及上市后绩效研究
刘　洋　著
经济科学出版社出版、发行　新华书店经销
社址：北京市海淀区阜成路甲 28 号　邮编：100142
总编部电话：010-88191217　发行部电话：010-88191522
网址：www.esp.com.cn
电子邮件：esp@esp.com.cn
天猫网店：经济科学出版社旗舰店
网址：http://jjkxcbs.tmall.com
固安华明印业有限公司印装
710×1000　16 开　9 印张　200000 字
2020 年 7 月第 1 版　2020 年 7 月第 1 次印刷
ISBN 978-7-5218-1453-8　定价：32.00 元
（图书出现印装问题，本社负责调换。电话：010-88191510）

前言

要研究和理解IPO（首次公开发行）市场上的各种现象，充分发挥IPO市场的融资功能，避免IPO市场被用于圈钱和投机，我们必须从根本上分析清楚企业进行IPO决策的内在机制。以技术创新为视角展开分析是本书的特色，通过选取技术创新为研究视角，企业的融资需求、技术创新项目的建设、技术信息的泄露与模仿、企业间在产品市场上的竞争、行业的技术进步乃至企业IPO之后的长期绩效表现，都得以有机地整合在一起。

IPO融资对于技术创新企业而言，虽然融资成本较低，但因为必须进行信息披露，所以存在技术信息外溢的风险，这在本书被称为技术信息溢出效应。信息溢出越早，技术创新企业所享有的相对竞争优势时期就越短。对于高盈利能力企业而言，相对竞争优势时期的利益更大，因此IPO融资所带来的信息溢出效应的成本也相应更高，其IPO融资动机也较弱。相反，低盈利能力企业的信息溢出成本较低，IPO融资动机较强。根据中国的实际数据，上述理论推论能够得到实证检验的支持。

IPO对于企业有益的一面在于成为上市公司将有助于提高企业的产品市场份额。从中国的数据来看，多数企业IPO之后的市场份额是增加的，这在本书中被称为产品市场竞争效应。在产品市场竞争效应的刺激下，原本不需要融资的非技术创新企业也会萌发IPO融资的需求，因为通过IPO融到的资金加上上市公司的广告效应等将有助于其夺取市场份额，也有助于防止其市场份额被夺取。另外，在产品市场竞争效应下，企业开始具有提前IPO的动机，可能形成IPO热销的局面。由于技术创新企业技术生产率较高、IPO之后持有现金较少，因此热销期与非热销期间选择IPO的企业在技术生产率和IPO后现金持有量会有所不同，热销期内先后进行IPO的企业在这两方面也会有所不同。上述推论在中国同样得到了经验数据的支持。

技术创新一方面能够带来高回报，另一方面也承担着风险。其风险不仅包括技术创新项目本身的可行性风险，更包括技术创新项目有可能被革命性的技术变革完全取代的风险。这在本书中被称为行业技术变革风险。存在行业技术变革风险效应的背景下，企业提前进行IPO融资、提前进行私募融资或推迟融资都有可能，各种可能性的出现受行业可行性的先验概率、革命性创新取得成功的先验概率以及融资前技术创新项目的投资比例影响。上述三个外生因素对企业融资决策的影响也得到了中国IPO市场经验数据的支持。

对企业IPO决策的内在机理研究得出的成果可以有助于推断企业在IPO之后的技术创新动机。用IPO之前企业在技术创新项目上的已有投入或产出很难判断企业上市后的技术创新动机强弱，因为IPO往往是企业转型的节点，IPO前技术创新投入或产出多的企业，IPO后并不一定继续如此。而根据本书的理论分析，可以从IPO前的企业特征中识别出7项IPO后企业技术创新动机的决定因素，这一方法的依据正是源于本书对企业IPO行为与技术创新行为的结合研究。实证研究表明，根据本书提出的7项指标所区分出的技术创新企业与非技术创新企业，前者IPO后的财务绩效较高且相对稳定，其股票市场回报率也平均高于股指回报率，其存活期相对较长且存活率较高，而后者则有明显差异，财务绩效长期走低，股票回报率并不高于股指回报率，波动率却更高风险更大，存活期较短且存活率较低。

本书的研究有助于人们对企业的IPO决策形成更深入的理解，也有助于IPO市场的监管者和施政者把控申请IPO公司的质量，稳定二级市场，保护投资人利益。基于上述分析，本书在最后提出了一系列易于实施的规范IPO市场以鼓励企业技术创新的政策建议。

目　录

第1章

绪　　论

本书以规范和完善我国IPO市场并以此支持和鼓励企业技术创新为最终目的，采用经济学的研究范式，以企业的技术创新活动为基本出发点和研究视角，深入分析、探讨和检验了企业IPO决策的内在机理，从而得以根据IPO企业的行为和特征对IPO企业的技术创新动机强弱程度进行甄别，并用企业上市后的绩效区别验证和支持了本书的理论和研究。

在具体分析之前，本章将首先介绍选题的背景和研究意义，其次概括阐述研究思路、研究方法和技术路线，最后归纳总结本书的特色和可能的主要创新点。本章旨在帮助读者对本书的大体框架有一个初步了解。

1.1 选题背景和研究意义

作为市场经济发展的最高表现，我国股票市场在经过30多年的发展后已日趋成熟，并逐步形成了与我国经济发展相适应的自身特色，整个市场规模不断扩张，上市公司数量不断增加，投资者积极性不断提高，制度性建设也日趋完善。

首次公开发行（initial public offering，IPO）是资本市场中的一项重要活动，涉及发行企业（包括企业的创业者、原股东、债权人、持股员工乃至于客户、供应商和普通员工）、承销投行、机构投资者、散户投资者等多个利益相关群体的短期和长远利益。从金融功能上看，IPO是企业可以选择的一种融资方式（其他方式还包括自筹、借贷和私募等）；从经济发展来看，IPO是支持企业快速成长和迅速扩张的有效渠道；从内部治理来看，IPO是企业由私营或家族治理转为公有和具有现代企业治理结构的转折点；从股票市场来看，IPO具有发行首日高回报率和长期流通低回报率的普遍特点，对投资者影响深远。因此，企业的IPO行为一直都受到社会各方人士和媒体的广泛关注，吸引着学术研究人员的注意，也受到政策制定部门和监管部门的普遍重视。

我国的资本市场虽然在经济快速发展的大背景下作用越来越显著，但是作为一个国家经济发展的重要橱窗依旧有很多亟待完善的地方，同时我国企业在股票市场中的 IPO 行为也存在着诸多需要解决的问题。基于 IPO 的正常融资功能往往被一些企业利用而在股市上大肆圈钱；原本用于成长和扩张的资金被闲置、被挪用甚至被用于向关联企业进行利益输送；上市前治理有效的企业在 IPO 转型之后经常出现不适，股东和管理层矛盾激化，核心人员离职出走，大股东侵害小股东利益，公司业绩急转直下；投资者借助 IPO 活动大肆投机，新股发行时不论预期业绩好坏一律追捧认购“打新股”，高价认购新股后又往往被长期深度套牢，引发公众对 IPO 市场的抱怨、怀疑，严重影响正常的市场秩序。

政策制定部门和监管部门出于社会稳定发展以及公共利益的考虑，当然希望 IPO 市场能够健康有序发展，各项功能正常发挥，杜绝或减少市场中的投机与乱象，但遗憾的是政策、法规、条例的执行效果难免存在事与愿违的情况。

要解决 IPO 市场所存在的问题，让 IPO 活动的功能得以正常发挥，根本上不是靠“堵”而是靠“疏”，不是靠“管”而是靠“理”。也就是说，要改善我国 IPO 市场的功能，单纯依靠简单地发布行政命令或提供优惠倾斜政策是行不通的，因为企业和投资者都是能动主体，他们往往善于钻政策的空子或寻找和利用政策的薄弱环节，使命令和政策失效，甚至适得其反。要“疏导”和“理顺”我国的 IPO 市场，关键之一是研究清楚我国企业的 IPO 决策机理，寻找决定或影响企业 IPO 决策的主要效应和关键因素，分析和认识各个因素对 IPO 行为的影响方式，并从我国现实情况和实际数据出发对各影响方式进行实证检验和确认，最终客观深入地理解我国现实及其背后的逻辑。在此基础之上，决策者们才能具备“火眼金睛”，有根据地从 IPO 前企业各方面的特质特点去鉴别企业进行 IPO 的真正动机与企业真正的孰优孰劣，从而有的放矢地制定政策，帮助确实有融资需求、确实有增长潜力、确实有投资价值的企业顺利进行 IPO 融资，同时尽可能减少 IPO 市场上“劣币驱逐良币”的现象。

知识经济背景下，技术创新是企业发展的基石，同时也是国家经济发展的原动力。但企业如果致力于技术创新则需要源源不断的资金补充来满足其研发需求，而上市融资是诸多科技企业获取融资的重要手段之一。相比欧美的成熟股票市场，我国股票市场的一个重要差距就体现在现有的 IPO 制度对企业技术创新的激励不足。IPO 行为是技术创新企业为规模扩张、战略发展和技术研发获取融资的重要渠道，通过 IPO 企业才能成为公众投资者的投资对象。如果股票市场在 IPO 这一环节上能对上市公司的质量进行控制，吸引和鼓励具有强烈技术创新动机的企业上市，那么我国股市的投资功能、融资功能与资源配置功能都将从根本上得以改善。

从技术创新企业的内部上市机理来看，企业所处的技术创新状态的不同导致企业会采取截然不同的竞争策略，其公开上市的决策模式也会不尽相同。IPO固然是一种很好的低成本融资方式，但却往往涉及企业内部信息披露等问题。在高科技行业中，技术变革快，新产品层出不穷，信息泄露带来的危害往往是致命的，因此，高科技企业往往会在公开发行获取资金与将信息泄露给竞争对手之间进行权衡。同时开展技术创新需要大量研发费用而导致的资本挤出效应，以及上市带来市场份额增加和企业识别度提高的产品市场竞争效应等都会导致具备上市条件的技术创新企业谨慎进行其IPO决策。

从外部因素来看，近年来我国各地方政府意识到辖区内企业的上市不仅能解决企业的资金需求，而且对振兴地方经济也很有好处，于是开始密集出台IPO扶持政策，且有愈演愈烈之势。以高科技企业集聚的武汉东湖新技术开发区的做法为例，高新区不仅在2012年成立了专门的上市办公室，而且在给拟上市企业提供土地使用优先政策、产业资金、专项资金和科技三项经费等政策性扶持资金外，还对企业公开上市给予现金重奖：企业在境内外证券市场上市省市区三级共给予655万元奖励；对完成“新三板”挂牌的区内企业，市区两级共给予120万元奖励。纵观各地政府的上市扶持政策，高额的奖励对于科技企业来说无疑是一个诱人的馅饼，在政府“上市就重奖”的诱惑下，创新企业极有可能放弃理性的IPO决策思考，而选择享受既得利益，从而造成盲目和冲动上市。其结果是企业技术创新难以达到最优状态，企业长远发展的原动力难以维系，而政府有限的财政资金和资本市场的资源优化配置功能也被扭曲。

从企业上市的意义来看，上市公司最大的特点在于可利用资本市场进行筹资，广泛地吸收社会上的闲散资金，从而迅速扩张企业规模，增强产品的竞争力和市场占有率。为满足企业发展的资金需求，企业融资实际上有银行和股票市场两大主要途径：通过银行进行融资，企业与银行建立起债权契约关系，接受银行的治理；通过股票市场进行融资（IPO），企业与股东建立起股权契约关系，接受股东的治理。对比这两种主要的融资渠道：一方面，银行比股东能够施加更加有效的治理和资金监督，从而确保企业发展的质量（Aghion and Bolton，1992；Bolton and Freixas，2000；Manove，Padilla and Pagano，2001）；另一方面，股东则比银行更能够容忍风险，从而有助于鼓励企业从事具有较大风险性的技术创新活动（Arestis，Demetriades and Luintel，2001；Beck and Levine，2004；Levine and Zervos，1998）。金融体系中银行与股票市场所占比例的构成被称为金融结构。学者们在金融结构与经济增长的关系这个议题上争论已久，并远未达成共识（林毅夫、孙希芳和姜烨，2009；Levine，2005）。企业是经济增长的微观主体，金融结构最终取决于企业的融资行为，而经济增长则最终取决于企业的技术创新行为。因此，对企业IPO决策机理的深入研究将不仅有助于理解企业本身的决策行为，有助于理解企业的 IPO 决策及其上市后的绩效表现，也会有助于理解企业与金融结构、企业与经济增长、金融结构与经济增长之间的关系。

自莫蒂格利亚尼和米勒（Modigliani and Miller，1958）开创公司金融理论以来，大量文章对企业的 IPO 决策问题进行过研究。例如迈尔斯和马吉鲁夫（Myers and Majluf，1984）提出了融资优序（pecking order）理论，认为由于企业家比投资者更加了解企业，投资者会产生逆向选择，因此企业会优先考虑内源融资，其次考虑债权融资，最后才考虑股权融资（IPO）。辛加勒斯（Zingales，1995）的理论则指出，企业进行 IPO 是为了在保留控制权及其隐性利益的条件下，将一部分股权及分红权高价卖给完全竞争的资本市场。切曼努尔和弗格希里（Chemmanur and Fulghieri，1999）的理论则认为，企业 IPO 决策主要是在降低信息传递成本与获取更高议价能力之间进行权衡：若信息的传递成本低但投资者议价能力高则企业会选择通过私募方式融资，若信息传递成本高但投资者议价能力低则企业会选择 IPO 融资。在伊波特森和杰夫（Ibbotson and Jaffe，1975）和瑞特（Ritter，1984）发现并提出 IPO 的“热销市场”（hot issue market）现象之后，帕斯托尔和韦伦尼希（Pástor and Veronesi，2005）、阿尔蒂（Alti，2005）、切曼努尔和何（Chemmanur and He，2011）等人提出的理论模型对企业 IPO 的热销现象进行了解释。

纵观国内企业，像腾讯、阿里巴巴这样优秀的高科技技术创新企业先后选择赴港、赴美上市，而像华为、老干妈这样的高成长性企业却长期坚持不上市。对于我国的政策制定者和监管者而言，最重要的也许并不是为 IPO 活动安排配额或者数量限制，而是首先要真正理解企业自主做出 IPO 决策的机理，尤其是质量不同、技术创新动机不同的企业在进行 IPO 决策时的考量。

因此，立足于技术创新的角度去梳理企业 IPO 的决策机理，才有可能从根本上完善我国资本市场的 IPO 制度，真正健全我国股票市场的各项功能。同时通过分析不同技术创新状态下企业的真实上市需求，帮助管理层区别对待具有不同程度技术创新能力的企业而给予企业所真正需要的帮扶，以帮助企业实现技术创新的最佳状态和有限资金优化配置的双赢，也具有极强的现实意义。

结合学界的研究背景可以看到：第一，以技术创新为视角来考察企业的 IPO 决策是从微观层面上理解经济增长与金融结构等宏观问题的关键，理应得到理论和实证研究的重视；第二，目前已有的企业 IPO 决策方面的研究未能有效地从技术创新的视角加以考察。本书的理论和实证研究试图从技术创新角度入手来研究企业 IPO 决策的机理问题，并探寻企业上市后的绩效表现与企业 IPO 前的特征以及 IPO 行为本身的联系。

本研究对于实践界和学术界都具有重要意义。首先，对于证券交易所、证监会及其他政策制定者和监管者来说，在我国 IPO 制度面临重大改革的大背景下，本书有助于判断应该允许和鼓励什么样的企业在交易所上市，以及如何制定或完善我国企业 IPO 的申请门槛；其次，对于企业家来说，本研究有助于他们根据自身所处行业的竞争环境和技术特点来判断选择企业的最优 IPO 时机；最后，对于关心企业融资行为以确保现金流和企业的生存与发展的财务学者，对于关心资本预算、计划控制与项目投资的管理学者，以及对于从微观或宏观层面试图解释企业的融资与投资行为的经济学者来说，本书的研究成果都会具有一定的理论参考价值。

1.2 研究思路、方法及技术路线

1.2.1 研究思路

经济学的研究范式和思想告诉我们，企业和个人都是由最优化行为所驱动的能动主体，特别容易受到不恰当政策的激励而产生与政策初衷截然相反的结果。比如为了保护劳动能力低下的劳动者利益而制定的“最低工资标准”，其产生的实际效果非但没有对他们形成保护，反而导致了低劳动能力者的失业，降低了低劳动能力者的既得利益。为了社会稳定而给失业劳动者提供基本生活保障与福利，所产生的实际效果却是令劳动者懒惰，使得国民产出减少，财政收入下降，财政赤字和税收上升，其结果反而进一步加剧了社会的不稳定。所以经济学家们的普遍共识是：要确保政策科学有效，其前提是必须分析清楚微观主体的行为模式与内在机理，在此基础上才能使政策产生正确的、适当的激励。

当我国各地方政府看到辖区内企业的上市既能解决企业自身的资金需求还能拉动地方经济发展后，密集出台 IPO 扶持鼓励政策时，这些激励政策是否会导致企业因为激励政策的诱导而做出提前 IPO 的非理性抉择，最后导致类似于最低工资标准情况下意图良好但效果不佳的情况出现呢？因此，为了给政策制定部门和监管部门更好地指导和管理 IPO 市场提供更科学合理的政策依据，本书将研究的重心放在理解与分析我国企业进行 IPO 融资的决策机理之上。唯有清楚理解了企业 IPO 的决策机理，才可以根据企业进行 IPO 的时机以及 IPO 前的特征去甄别企业的优劣，也才能避免政策出现适得其反的结果，让政策真正做到有的放矢，起到应有的效果。

正如前面所阐述的，IPO 在金融层面的功能是融资，在宏观层面的功能是支持企业成长与扩张，在企业内部层面的功能是改变股权结构与治理模式，在股市层面的功能是提供新的投资工具与交易品种。但本书在理解 IPO 的功能、作用与内在机理时，根本的出发点却并非基于上述四点，而是在于行业层面，即以同一行业内的竞争企业为基本分析单位。任何一个行业都存在着技术创新活动。从经济增长、企业成长与价值投资者的角度来看，积极从事技术创新的扩张并最终能够取得成功并得到市场认可的企业无疑是于国于民都有益的优质企业。技术创新项目的建设需要融资，作为融资方式的一种，IPO 方式的融资能够起到支持技术创新项目建设的作用，从而确保企业顺利扩张并开展技术创新，最终在产品市场上取得成功并创造利润和价值，最终促进宏观经济的发展与增长。但是，并非所有积极从事技术创新的优质企业都会谋求 IPO 上市，也并非进行 IPO 融资的企业都是积极从事技术创新的优质企业。事实上，出于技术创新和市场竞争的各自考虑，许多优质技术创新企业理性地选择推迟融资（即暂时不融资）或选择以非 IPO 的方式进行融资，也有许多劣质的、盈利能力低下的不准备从事技术创新的企业却非理性地选择谋求 IPO 上市，甚至跟风扎堆地上市，从而形成 IPO 的羊群效应。出现这些现象的根本原因，在于企业考虑 IPO 融资时除基本的融资功能外还存在其他考量：

（1）技术信息披露与相对竞争优势的丧失。企业开展技术创新的根本动机在于技术创新使企业相对于竞争对手具有竞争优势，从而带来额外的利润回报。但是 IPO 作为企业的一种融资手段势必要求企业向社会公布其财务报表、已投资和建成的项目以及融资的计划、用途与预期回报。如果这些信息随着 IPO 的信息披露而被竞争对手获知，则必将引起竞争对手的追随与模仿，从而使企业很快丧失由技术创新所产生的相对竞争优势。出于这一考虑，很多优质企业宁愿选择其他成本更高的融资方式（如私募或民间借贷）也不愿上市，从而得以延长保有相对竞争优势的时期。

（2）产品市场竞争与夺取市场份额。技术创新项目的建设固然可以通过 IPO 进行融资从而确保完成，但企业的 IPO 行为却在产品市场竞争上具有另外的一项好处，即有助于扩大 IPO 企业的产品市场份额。原因包括上市公司具有更高的知名度、更好的社会地位和形象，可以获得顾客的信任；能够更多地吸引优秀员工和对员工给予股票或期权激励；可以用自身股票作价更轻易地收购和兼并竞争对手；由于所有权与管理权分离，倾向于更激进地争夺市场份额等。由于 IPO 行为存在产品市场竞争效应，因此原本并不急于融资的技术创新企业也可能具有提前 IPO 融资以更早夺取市场份额的动机；出于夺取或保护市场份额的考虑，原本不从事技术创新也不需要融资的企业也可能产生 IPO 融资的需求，甚至萌发提前进行 IPO 融资的需求，由此产生提前上市和扎堆上市的现象，出现“羊群效应”。

(3) 技术变革与先期投资及融资的沉没。技术创新的一大特点是存在不确定性。这一不确定性既包括新技术本身不可行或者最终不能得到市场认可而失败的可能，也包括潜在的革命性创新取得成功从而让现有技术以及在现有技术基础上进行改进的技术创新被完全取代从而失去市场的可能。后一种情况在本研究中被称为行业技术变革风险。当行业技术变革发生时，企业在融资之前已经投入的前期建设资金固然白费，而除此之外，若企业在技术变革成功与否实现之前就做出了提前融资的决策以便提早完成技术创新项目的建设并获取现金流，那么融资与后期建设投入资金同样会因技术被取代而白费。所以，技术创新企业既存在提前融资的动机，也存在慑于技术变革的风险而推迟融资的可能。

理清上述效应并相应阐明企业 IPO 决策的内在机理，可以让我们根据企业的行为和特征清楚地区分 IPO 活动中的优质企业与劣质企业。这将为有效的政策制定提供有力参考。但在提出具体政策建议之前，本书还着手研究了 IPO 问题的另一个重要方面，即上述理论分析在现实中是否成立的实证检验问题。对此，本书从各个方面进行了大量实证研究，不仅针对由三种效应推导得出的理论推论进行了严谨的实证检验，还对产品市场竞争效应的存在提供了经验证据。研究结果显示，本书以技术创新为视角所考虑的上述三种效应在中国现实中确实存在，具备客观基础。

此外，为进一步说明问题，证明本书的研究的确有助于区分 IPO 企业的优劣，本书还研究了企业 IPO 后的长期绩效问题。根据本研究发现的企业 IPO 时所表现出的技术创新动机的 7 项决定因素，本书编制了企业技术创新动机评价指标，根据该指标将企业划分为技术创新企业与非技术创新企业，并研究和对比了两类企业 IPO 之后的财务绩效、市场绩效与生存绩效。研究结果显示，技术创新企业在 IPO 后各方面绩效均较高，不存在下降趋势，而非技术创新企业则存在明显的长期弱势。最后，根据研究结果，本书对支持与鼓励企业技术创新和稳定 IPO 后二级市场等问题给出了具体的可操作的政策建议。

本书选择技术创新为视角来研究企业的 IPO 决策机理问题，并非是为了标新立异，而是因为技术创新其实是研究企业的 IPO 决策问题的核心与关键，它贯穿于企业发展过程中的各项行为，如企业间的竞争、模仿与超越、企业与金融市场之间的依赖与博弈，乃至于整个行业甚至国家的发展与进步和人民生活水平的提高。只有以技术创新为视角开展研究，才具有评判企业优劣的基本标准，才可以真正理清实体经济、金融市场与宏观经济之间的关联联系。

任何行业中的任何企业其实都是技术创新企业，因为在市场竞争环境中，技术创新让新创企业获得立足之地，技术创新让小企业迅速增长成为大企业，技术创新让大企业保持领先而不被淘汰。这一特点在互联网时代更为凸显。因此，并不存在技术创新行业与非技术创新行业之分，也不存在技术创新企业与非技术创新企业之分，任何一个企业都可以被界定为技术创新企业，它们只是在技术创新的动机、时机和程度等方面不尽相同。从企业自身的利益来看，技术创新只是企业为了在竞争中最大化利润而采取的一种发展策略。但从国家和社会的公共利益来看，技术创新则会带来行业和产业的升级，提升国家竞争力，提高人民群众的生活质量和水平。因此对于国家和社会的公共利益来说，股市中重大的 IPO 活动应当优先为具有强烈技术创新动机的企业提供融资服务，同时也应当激励已经决定进行 IPO 融资的企业开展技术创新。因此，梳理清楚企业的技术创新决策与 IPO 融资决策之间的互动关系，是解决本书问题的枢纽。

以技术创新为视角来研究企业的 IPO 决策机理，关键在于将技术创新环境与企业的融资行为有机结合，识别和抓住技术创新背景下影响企业融资行为的典型的特殊因素并分析其作用机制。为此，本书将从以下两个主要方面开展研究：

（1）建立数学模型，从基本的假设出发用数学方法严格推导论证企业技术创新与 IPO 融资的决策机理和行为模式；

（2）收集整理中国的实际数据，使用数理统计和计量经济学的方法对理论研究提出的假说进行实证检验，以明确理论分析是否符合中国现实。

本书的主要研究内容就在于对企业的 IPO 决策机理进行深入研究。在这一研究的基础上，本书将基于研究结果对如何完善我国的 IPO 相关制度提出一系列政策建议。另外，本书最后也将总结研究所取得的主要结论性成果以及研究存在的不足，并为进一步纵深研究指明研究方向和初步设想。

1.2.2 研究方法

本书采用了理论分析与实证研究相结合、定性分析与定量分析相结合的方式对具体内容进行研究。

本书的理论研究主要运用数学模型进行分析。建立数学模型的好处是前提明确，推理具有逻辑保证，结论明晰不含混，且方便进行定性或定量的实证检验。前提不明确是许多观点对立的论文各执一词争论不出结果的重要原因。如果能够明确前提，在前提上达成一致，那么理论结果由数学保证是安全且明确的。如此便可以极大地促进认识与知识的积累与发展进步。形式逻辑及由此发展出的数学模型是目前已知的最可靠的分析推理和计算工具。早期的经济学文献以思辩和文字论述为主要阐述方式，但文字的阐述往往存在理解偏差等方面的缺点。所以当今标准的经济学研究都主要通过数学模型进行理论推导，这一研究方法已经成为现代学界的主流。本书通过建立数学模型来分析企业的IPO决策问题，研究前提假设明确，数学推理采用信息经济学与博弈论的标准均衡分析方法，得出明确的研究命题和推论，适于接受实证检验。

本书的实证研究主要采用数理统计的假设检验方法与计量经济学的回归分析方法。数理统计假设检验的基本思路类似于“反证法”，首先假定与待验证的命题相反的“反命题”作为原假设（null hypothesis），根据原假设和其他模型假设推导出一个方便使用的概率分布已知的统计量（常见的有 t、F、χ^2 等类型的统计量），再收集实际数据进行整理和计算得到该统计量的“实现值”，根据概率分布计算该“实现值”以及比其更离谱的实现值所对应的概率（称为 p 值），看该概率是否足够小。如果该概率足够小（比如小于0.01），则意味着一个几乎不可能发生的事件发生了，那么相当于假设不成立，于是推翻或拒绝原假设，接受待检验的命题，称为找到了经验证据。这一方法对于本书对理论模型的检验至关重要，是判断本书的理论模型是否符合中国现实的根本依据。计量经济学实际上是数理统计在经济模型上的延伸，最常用的回归分析方法既可以用于估计模型参数，又可以用于对估计出的参数的数值范围进行假设检验。回归分析的特点主要体现在它善于研究某个被解释变量同时被多个解释变量所影响的复杂情况，可以将每个解释变量对被解释变量的影响分离出来体现在回归系数上，从而使得识别出来的影响能够满足“其他因素不变”的条件。这一方法有助于本书对比较复杂的多个理论命题同时进行检验，并分离多个因素之间复杂的相互影响。

进行实证研究的难点和主要工作在于数据的收集、整理和利用。由于研究的问题涉及许多难以观测的行为，也涉及企业上市前的状况以及非上市企业的状况，因此本研究所面临的数据工作异常严峻。但是本书并没有因此而放弃实证研究，而是尽可能地多方寻找可得的中国实际数据，尽量为难以观测的变量寻找代理变量，并根据研究需要对原始数据进行了大量汇总和计算。对于中国经济来说，提出理论进行分析固然重要，但理论结合中国实际并且有的放矢则更为重要。因此本书尽可能克服重重困难完成了各方面的实证检验，以确保本书的理论“站在中国的土地上”。

1.2.3 技术路线

本书的核心工作是在技术创新的视角下阐明企业IPO的决策机理，并进行相应的实证检验。研究的技术路线见图1-1。

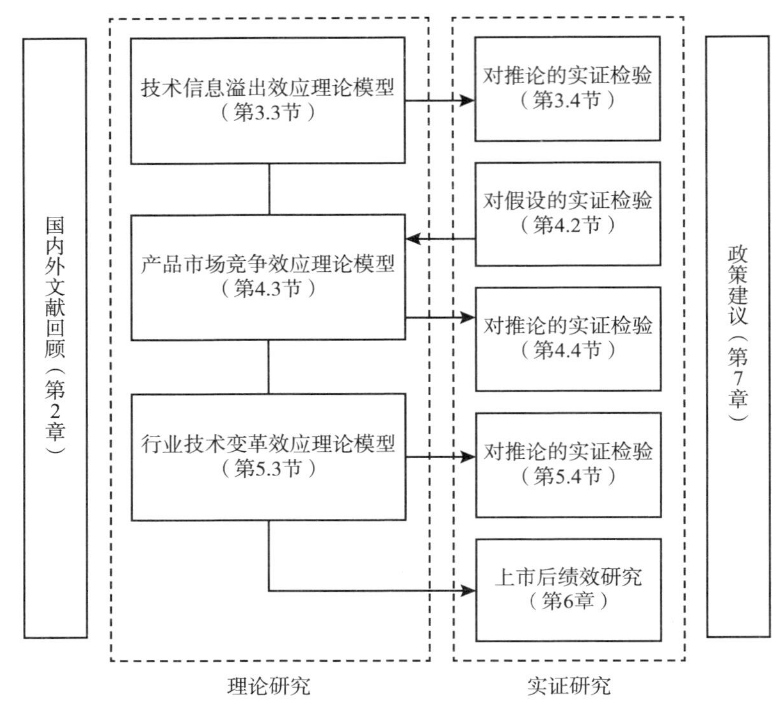

图 1－1　本书研究的技术路线

如图 1－1 所示，本研究从逻辑上可以分为四个部分：第 2 章对国内外文献进行回顾；在第 3、4、5 章进行三大效应的理论研究；在第 3、4、5、6 章进行三大效应和上市后绩效的实证检验；在第 7 章提出政策建议。理论研究和实证研究是本书的主体，更进一步的技术路线分述如下：

理论研究方面，本书在第 3、4、5 章共三个章节分别进行了讨论。三个章节分别对应着技术创新视角下影响企业 IPO 决策的三个主要效应：技术信息溢出效应、产品市场竞争效应和行业技术变革效应。这三个不同的效应是理解企业 IPO 决策机制的关键。

第一，技术信息溢出效应。技术信息溢出效应指的是由于上市公司的信息披露制度要求，IPO 行为不可避免地会将上市企业的技术创新信息透露给竞争对手，从而缩短企业因为技术创新所带来的享有相对竞争优势的时间。这导致企业会面临一个两难的权衡：一方面，IPO 可以以较低的成本为技术创新项目的开展提供融资，确保技术创新项目的完成，从而在竞争对手还没来得及进行技术模仿之前形成相对竞争优势，为企业带来更高的利润；但另一方面，IPO 融资的副作用是容易将在建项目、融资计划与资金用途以及项目预期回报等关键信息泄露给竞争对手，引起竞争对手的模仿，从而缩短保有相对竞争优势的时间。这一效应将深刻地影响企业的技术创新决策与IPO融资决策。

第二，产品市场竞争效应。产品市场竞争效应指的是IPO行为本身不但能够为企业提供资金，而且有助于IPO企业产品市场份额的扩大。本文并不分析IPO行为有助于扩大企业产品市场份额的内在机理，而是把这一事实直接作为前提假设来分析这一效应对企业IPO决策的影响。由于IPO具有夺取产品市场份额的作用，因此技术创新企业具有动机在技术创新成功可能性比较大的情况下提前进行IPO融资，从而更早帮助企业扩大其产品市场份额进一步实现利润的最大化。但由于企业间存在相互博弈，因此技术创新动机不强且原本并不需要融资的企业，在预测到竞争对手有可能提前上市并抢夺产品市场份额的情况下，也会理性地选择IPO融资甚至提前IPO，以防止产品市场份额被夺走而导致企业利润的下降。以IPO为手段来开展产品市场竞争，会形成IPO热销与“羊群效应”，会让非技术创新企业也跟风IPO。对产品市场竞争效应的深入分析，将有利于我们更好理解IPO热销市场的形成和热销期间的企业状态。

第三，行业技术变革效应。行业技术变革效应紧扣的是企业技术创新活动的高风险这一特点：一方面，企业的技术创新本身有可能会失败，不可行或不受市场认可；另一方面，由于革命性创新有可能出现并取得成功，使得在原有技术基础上进行的改进型技术创新活动承受被完全取代的风险。IPO融资可以帮助企业获得完成技术创新所需要的资金；提前进行IPO融资则可以帮助企业提前完成技术创新，更早获取利润。但技术创新本身所蕴含的风险也给IPO活动带来了隐性的成本：其一是信号成本，即IPO行为向竞争对手释放信号，让潜在竞争者获悉行业可行、技术可行，减小了竞争对手所面临的不确定性；其二是资本错配成本，即IPO融资所形成的固定资产投入成为企业的“沉没成本”，当行业技术变革发生时，这些前期投资都会白费。因此，行业技术变革效应也是企业在进行IPO决策时的一个重要考量。

实证研究是本书的另一项主要工作，全书共在5个章节中进行了实证分析。本书的实证研究可以分为三类：第一类是对理论模型推论的实证检验；第二类是对理论模型前提假设的实证检验；第三类是依据理论指导对IPO后长期绩效的实证研究。本书在技术创新视角下研究企业的IPO决策问题共提炼出三个主要效应：技术信息溢出效应、产品市场竞争效应和行业技术变革效应。在三个效应的理论模型之后，本书都根据理论模型的推论收集了中国的实际数据，对推论本身在中国成立与否进行了实证检验。

另外，技术信息溢出效应与行业技术变革效应的前提假设显然成立，但是产品市场竞争效应作为前提假设却不那么明显。本书将企业的IPO行为有助于扩大企业的产品市场份额作为前提假设，这一假设在中国成立与否也有待实证检验，因此本书在产品市场竞争效应对企业 IPO 决策影响的理论模型分析之前，先对该效应在中国是否成立进行了实证检验。

最后，在理论模型和相应实证检验完成之后，依据理论模型的指导，可以根据企业选择 IPO 的时机以及 IPO 前的特征对企业进行划分，区分出技术创新动机强的企业与技术创新动机弱的企业。能够进行这样的区分其现实意义非常明显，因为尽管技术创新对于国家、社会和投资者而言都很重要，但其本身却是难以测量的。通过上述办法进行区分，便可以预期技术创新动机强的 IPO 企业是成长性良好的优质企业，技术创新动机弱的 IPO 企业是成长性弱的劣质企业，两类企业 IPO 后的长期绩效（财务估值、市场估值、存活概率）会有显著差异。

1.3 本书可能的创新点

本书选择技术创新作为企业 IPO 决策问题的创新研究视角，对企业的 IPO 决策机理进行了深入的理论分析与实证检验，并依据对企业 IPO 行为规律的研究提出了判断企业技术创新动机强弱的新方法，从而得以研究和比较技术创新企业与非技术创新企业在上市后各方面的长期绩效表现。本书可能的主要创新点概括如下：

第一，以技术创新为独特视角，识别并分析了影响企业 IPO 决策的三个关键效应（即技术信息溢出效应、产品市场竞争效应和行业技术变革效应），并以三个效应为前提对企业的 IPO 决策进行了深入的理论研究。

技术信息溢出效应是指企业 IPO 时的信息披露要求容易导致技术创新企业的技术信息泄露，使得企业通过开展技术创新所获得的相对竞争优势时期缩短，从而影响技术创新企业对融资方式的选择；产品市场竞争效应是指企业通过 IPO 上市将有助于扩大产品市场份额，因此会对技术创新企业与非技术创新企业之间就是否提前 IPO 的博弈产生影响；行业技术变革效应是指技术创新企业所处行业发生技术变革而造成先期投入的沉没成本白费而带来的风险。这三个效应对于在技术创新的视角下理解企业的 IPO 决策至关重要，以此为前提进行的理论分析能够得出很多与企业 IPO 决策相关的新观点。

第二，从经典理论和中国现实出发提出了本书的假设，采用均衡与博弈的经济学分析方法，推导得出一系列有关企业 IPO 决策与行为模式的命题和推论，许多推论甚至与一部分大众认知差异较大（例如本书推出：盈利能力低下的企业更愿意 IPO；选择非热销期进行 IPO 的企业技术生产率更高；先期投资越多的企业越倾向于非 IPO 融资），却能够得到中国实际数据的支持，有助于去伪存真，帮助人们更好地认识和理解企业的 IPO 行为。

由于信息溢出效应的作用，IPO 融资对于不同企业成本是不尽相同的：高盈利能力的企业在技术创新所带来的相对竞争优势阶段获取的利益相对更大，因此 IPO 所造成的技术信息溢出对于高盈利能力企业而言，其代价更大，因此信息溢出效应导致低盈利能力企业会更愿意通过 IPO 进行融资；由于产品市场竞争效应的作用，原先并不需要通过 IPO 融资的非技术创新企业会产生跟风上市以保护自己产品市场份额的动机，因此热销期间上市的企业往往龙蛇混杂，而在非热销期间上市的企业则反而是真正的技术创新企业；由于行业技术变革风险的存在，先期投资越多的企业，其资本错配成本越小，而 IPO 所释放的信号成本越大，因此他们会更倾向于选择非 IPO 的方式融资。

第三，收集中国实际数据对理论的前提与推论进行实证检验，结果发现以技术信息溢出效应、产品市场竞争效应和行业技术变革效应为前提所推导得出的理论命题在中国现实中基本都是成立的。这一检验结果既巩固了我们对本书理论分析的信心，也使人们对中国现实及其背后的成因有了更进一步的理解。

利用我国现有的上市公司数据以及上市公司 IPO 前所发布的招股说明书数据，本书对理论研究得出的各个主要理论推论进行了实证检验。实证研究的结果对理论推理基本都是支持的，这说明在我国 IPO 市场上，从技术创新的视角来理解企业的 IPO 融资行为，关注技术信息溢出效应、产品市场竞争效应与行业技术变革效应，不仅具有事实依据，而且抓住了问题的关键和主要的影响因素。

第四，基于对企业 IPO 行为模式的理论分析与实证检验，本书得以通过企业的 IPO 时机与 IPO 前的企业特征来判断企业未来技术创新动机的强弱，为难以测量的技术创新活动问题提供了一个新的研究思路。

以往的研究在考虑企业的技术创新活动时，要么通过企业过去在技术创新活动上的投入来衡量，要么通过企业技术创新活动的产出来衡量。但这些测度方法在一定程度上都只能代表企业过去的技术创新水平，并不能很好反映企业未来的技术创新动机。尤其是在 IPO 这样的重要转折性阶段，许多企业在 IPO 前后总体发展战略差异很大，使得传统的测量和甄别方法几乎完全失效。而基于本书的理论与实证研究，我们提出了包含 7 项可观测指标的用于反映企业未来技术创新动机的综合计算方法，该方法在很大程度上能够能较为真实地反映 IPO 企业未来的技术创新动机，并为有效解决 IPO 企业技术创新程度的测量与甄别难题提供一个新的思路。

第五，根据本书对企业 IPO 决策规律的研究以及在此基础上提出的判断企业技术创新动机的新思路，实证地比较了技术创新企业与非技术创新企业 IPO 后的长期绩效（包括财务绩效、市场绩效和存活绩效三个方面），结果表明这一区分非常有意义：技术创新企业IPO后的长期绩效表现更优，而非技术创新企业IPO后的绩效则存在长期弱势的现象。

这一发现既为本书所提出的技术创新动机测量方法的科学性与合理性提供了证据支持，又合理地解释了为何不同企业IPO后的长期绩效表现迥异。技术创新动机强的企业，在IPO后通常发展较好，能更好地利用所融到的资金，更好地培植企业的竞争优势，因此其财务绩效、市场绩效和存活绩效都表现更好。而技术创新动机弱的企业，更有可能利用IPO行为进行圈钱，因此其长期财务绩效、市场绩效和存活绩效都表现更为恶劣，严重伤害投资者的利益，影响股票二级市场的稳定。利用本书所提出的区分企业技术创新动机强弱的新方法，能够有效地在事前识别出优质企业与劣质企业，对政策制定者、监管者与市场投资者都具有重要的现实意义。

第 2 章

文 献 综 述

纵观现有国内外文献的相关研究，对于企业的技术创新决策、企业的 IPO 决策和 IPO 市场异象等问题虽然分别都有研究，但罕有文献将这几个方面结合起来进行讨论的。而本书认为，这种结合十分必要，因为技术创新、IPO 融资和 IPO 市场异象等并非各自孤立的问题，而是相互影响、相互决定的。本章将首先从企业的技术创新决策、企业的 IPO 决策、IPO 异象等几个方面对与本研究紧密相关的文献进行归纳梳理，然后介绍国内外相关文献的最新进展和动向，为本书的研究做好铺垫。

2.1 企业技术创新与 IPO 决策的相关研究

2.1.1 企业的技术创新决策

技术创新是企业的一项重要决策，与企业特征和其他活动紧密关联，有相当多的文献对此进行过研究。经典文献的相关观点认为企业技术创新的决策主要与三个因素有关：其一是股票价格，其二是信息披露，其三是内幕交易。这三方面文献分述如下：

首先，经典文献分析了企业技术创新如何受股票价格影响。例如斯坦因（Stein，1989）认为经理人出于公司股价的考虑有动机进行短视的保守投资以营造高收益的财务报表。尽管有效的市场能够预期经理人的行为并正确地评估股价，但经理人在进行企业投资决策（尤其是技术创新的投资决策）时仍然会表现出短视和过分保守。类似地，切曼努尔和焦（Chemmanur and Jiao，2007）的理论模型也强调了由市场驱动的管理层短期行为，他认为企业家只有在保有公司的投票权和控制权的前提下才会愿意从事长期投资，而如果 IPO 之后企业家的控制权大幅降低，那么企业家就会屈服于巨大的短期盈利压力而放弃包括技术创新在内的长期投资。

也有相关文献对企业技术创新与上市公司信息披露之间的关系进行过研究。如巴塔查里亚和瑞特（Bhattacharya and Ritter，1983）最早通过理论模型指出，企业会因为需要向外部投资者披露信息而抑制其技术创新的动机。在他们的模型中，技术创新企业进行外源融资时需要权衡是否披露与技术创新有关的私有信息。一方面，披露技术创新相关信息可以缓解信息的不对称，从而帮助企业以更优惠的条款和成本获得外部融资，而另一方面，披露信息会把关键信息或者行业秘密透露给竞争对手，从而在专利竞赛中失去优势。马克西莫维克和皮切勒（Maksimovic and Pichler，2001）提出的模型认为企业需要在开展技术创新还是采用传统技术间进行权衡，做出选择之后还需要考虑是采用外源融资还是内源融资渠道。外源融资以 IPO 的形式开展，其成本低于内源融资，但是会把行业营利性的信息透露给潜在竞争对手。因此企业会在一定程度上推迟外源融资或者寻求内源融资从而防止竞争者提前进入。

也有一些文献从企业家内幕交易的角度讨论过企业技术创新的动机。如早期经典的希尔施莱弗（Hirshleifer，1971）模型指出，技术创新对于企业家来说有两种不同的好处：一种好处是技术进步的获益，即技术创新提高企业的生产率所带来的更强的市场竞争力和更高的收益；另一种好处是内幕交易的获益，即企业家了解自己企业技术创新的内幕信息，因此可以通过在资本市场投机和 IPO 来获取额外收益。当内幕交易的或有收益足够大时，企业家会有强烈追求技术创新的动机，即使该项技术创新的社会价值为负也在所不惜。这在一定程度上说明私有企业的创新动机会格外强烈。但是另一方面，比伯楚克和费什特曼（Bebchuk and Fershtman，1994）的模型认为内幕交易的可能性会鼓励经理人推行高风险项目，因为经理人拥有技术创新成败的内幕消息，在项目可能失败之前，经理人就可以通过内幕交易提前卖出股票以避免损失，所以经理人相当于持有技术创新项目的看跌期权，高风险项目对于经理人来说利大于弊。

从这些文献可以看出，企业的技术创新决策必然会受到 IPO 决策的影响，因为 IPO 前后企业必将经历重大变革：股票上市交易、信息充分披露、内幕交易成为可能。所以反过来，企业的技术创新行为也必然会影响到企业的 IPO 决策：企业决定是否融资、何时融资、以何种方式融资。

2.1.2 企业的 IPO 融资决策

企业的 IPO 融资决策问题严格来说属于公司金融的研究领域，这一领域最早由莫蒂格利亚尼和米勒（1958）对企业融资与资本成本的考察而开创，其理论就是著名的 M－M 定理，该定理证明了在理论假设的条件下，企业无论是通过银行负债筹集资金还是通过股市 IPO 来筹集资金，均只会改变企业的资本结构，而不会影响企业的市场总价值。因此在他们的理论模型中，IPO 与否对企业的价值没有影响，因此也就无所谓企业的 IPO 决策。随后迈尔斯和马吉鲁夫（1984）提出了著名的融资优序理论（pecking order），他认为由于企业家比投资者更加了解企业，处于信息弱势的投资者会进行逆向选择，因此企业会优先考虑内源融资，其次考虑债权融资，最后才会考虑股权融资（IPO）。这些经典研究的考虑虽然涉及到了企业的 IPO 问题，但都没有专门的对企业的 IPO 决策进行过分析。

帕加诺（Pagano，1993）最早讨论过 IPO 对于企业的利弊权衡。他指出：IPO 的成本包括注册成本、承销成本［根据瑞特（1987）的研究，承销成本约占总融资额的 14%］、抑价成本［根据瑞特（1987）的研究，抑价成本约占总融资额的 15%］、信息披露的管理成本（Yosha，1995），以及由管理权和控制权分离引起的委托—代理成本（Jensen and Meckling，1976）；IPO 的收益则包括股权多元化（diversification）、能够通过权益融资筹集到大大超出创业者个人有限财富的资本（因为银行贷款往往要求抵押）、降低进一步融资时的融资成本、增加公司股份的流动性，以及外部监管带来的好处（Holmström and Tirole，1993）。

辛加勒斯（Zingales，1995）最早正式提出了 IPO 决策理论。他认为，尽管 IPO 有其他各种利弊权衡，但企业进行 IPO 更主要是为了最大化最终出售企业的价值。之所以 IPO 可以最大化企业最终的出售价值，是因为企业的价值由两部分组成：一部分价值来自于获取未来现金流的权利，即分红权。这部分权利如果在股票市场 IPO 中进行出售，那么买方是处于完全竞争状态的，因此 IPO 企业具有谈判优势，可以以相对的高价来出售并获取大部分的买方剩余；而另一部分价值则来自于控制企业所带来的隐性权利。如果要出售企业的控制权，则买方必然是大买家，企业在谈判中就不那么容易占据优势，不容易榨取买方剩余。通过公开市场 IPO，企业可以把一部分现金流权利以完全竞争的价格卖掉，从而避免在出让控制权时被一起拿来接受议价。

在辛加勒斯（1995）之后，信息经济学的方法被大量用来研究企业 IPO 决策的相关问题。切曼努尔和弗格希里（1999）的理论强调企业家占有更多的企业内部信息优势，而缺乏企业和项目信息的投资者会进行逆向选择，因此企业的 IPO 决策主要是在降低信息传递的成本与获取更高议价能力之间进行权衡。企业家可以选择向风险资本进行私募融资，因为这种情况下信息传递成本很低，只需要向单独的风险资本家传递信息，而缺点是融资时议价能力低，融资成本高。企业家也可以选择通过股市进行 IPO 融资，这种情况下信息传递成本较高，因为要向多个潜在投资者重复传递信息，而优点则是议价能力高，融资成本低。按照切曼努尔和弗格希里（1999）的逻辑，存续期较长的公司往往会选择 IPO 融资，因为其过去的历史信息容易为投资者所知，信息传递成本较低；而新成立的公司则会选择私募融资，因为其信息传递成本太高。

另一方面，苏布拉曼亚姆和蒂特曼（Subrahmanyam and Titman，1999）的理论则强调投资者拥有更多的市场需求信息，这些信息却不为企业家所知。投资者对投资信息的获取成本取决于金融市场的发达程度。当金融市场发展程度较高时，获取投资信息的成本则较低，这时企业会选择进行 IPO 融资，从而进一步推动金融市场的发展。相反，当金融市场发达程度较低时，获取投资信息的成本则较高，那么企业就不会进行 IPO 融资，而是选择保持私有。

这些早期文献以企业的 IPO 决策本身为研究对象，分析了企业在 IPO 决策时需要做的最基本的利弊权衡。但是，这些文献都未能从企业技术创新的角度去诠释企业的 IPO 决策，因此也就难以对实证研究所发现的各种 IPO 异象做出合理解释。

2.2 IPO 异象与企业 IPO 决策

早期的研究热点并不在于上述的 IPO 决策，而是集中在与 IPO 决策有关的各种经验异象，如 IPO 抑价（underpricing）之谜、IPO 长期弱势（long-run performance）之谜和 IPO 热销市场（hot-issue market）之谜。这些异象归根到底都与企业的 IPO 决策有一定关联，这些现象之所以成为难解之谜，在本书看来或多或少都与没有考虑企业的技术创新有关。

2.2.1 IPO 抑价与企业 IPO 决策

斯通和库雷（Stoll and Curley，1970）、洛格（Logue，1973）、雷利（Reilly，1973）、伊波特森（Ibbotson，1975）等最早注意到，股市中普遍存在着股票发行首日高回报的现象，即在 IPO 当天，一级市场发行价系统性地低于当天的收盘价。学术界把这一现象称为“IPO 抑价”（IPO underpricing）。IPO 抑价现象几乎毫无例外地发生在所有国家。IPO 发行的抑价并不能简单地被解释为定价失误或风险溢金。首先，IPO 抑价现象是系统性的，而定价失误则不会是系统性的；其次，风险抑价没有理由只属于首日投资者而不属于接下来几日的投资者。因此 IPO 抑价现象成为一个难解之谜，对于 IPO 抑价的解释也都集中在对一级市场发行价偏低的解释上，关注于为何正常的供给需求关系会压低价格。

在解释IPO抑价之谜的问题上，威尔什（Welch，1989）、阿伦和法尔哈伯（Allen and Faulhaber，1989）、切曼努尔（Chemmanur，1993）等强调上市公司拥有更多内部信息。在这种情况下，理性的公众投资者面临着柠檬市场的问题：只有那些绩效低于平均水平的潜在上市公司才愿意以平均水平的价格进行IPO。而那些绩效水平高于平均水平的优质潜在上市公司为了让自己区别于“柠檬”公司，则会花费成本在市场上发出信号。在这类模型中，绩效高的潜在上市公司会刻意以低于市场公允水平的价格开展IPO，这样就能够防止绩效低的劣质公司进行模仿。面对这样低的发行价格，劣质公司就会失去进行IPO的动机，而优质公司则可以在IPO之后通过各种途径挽回之前的损失，比如可以在未来以较高的价格增发股票（Welch，1989），也可以通过分发较高的红利来获得更高的市场价格（Allen and Faulhaber，1989），还可以凭借较高的分析师评级来挽回股价（Chemmanur，1993）。

还有一些研究在解释IPO抑价之谜时强调公众投资者比潜在上市公司拥有更多市场需求方面的信息。例如罗克（Rock，1986）提出了“赢者诅咒”（Winner's Curse）的机制。若某个投资者在拥有各种不同信息的全部投资者中是最看高股价的，那么他会报出最高的价格去购买他所需求的全部数量。而如果他和其他部分投资者的观点一致，大家都会以共同的高价去角逐IPO发行，那么此时他的认购需求就只能得到部分满足，因为这个时候会发生配额。这种情况下新股认购后的期望回报率就会低于认购前的期望回报率。若想实现盈亏平衡，投资者在购买之前便会普遍压低价格，从而形成IPO抑价。威尔什（1989）提出了另外一种被称为“负面信息追随”（negative informational cascade）的机制。这一机制是指投资者在决定是否申购或以多少价钱申购时会参考其他投资者的决策。投资者只在看到某个IPO很热门时才会追随并产生需求。这一现象在行为金融中被称为“羊群效应”（Herding）。潜在上市公司只要把价格稍微报高一点，就会高概率的造成IPO完全失败，因为投资者会因为其他投资者的退却而跟随退却。为了避免IPO失败，潜在上市公司只能报出相对较低的IPO价格，从而造成IPO抑价。本维尼斯特和斯宾德特（Benveniste and Spindt，1989）、本维尼斯特和韦尔赫姆（Benveniste and Wilhelm，1990）和斯帕特和斯里瓦斯塔娃（Spatt and Srivastava，1991）等文章强调了IPO询价建档（bookbuilding）的制度惯例在形成IPO抑价方面的作用。在IPO承销商进行询价建档时，首先会设定一个初步的邀价范围，然后承销商和准上市公司会通过路演（road show）向机构投资者推介和营销股票。路演过程中，承销商会测度和记录市场对股票的需求程度，若需求强烈，那么承销商就会将IPO价格修改为一个更高的卖价。当然，机构投资者非常清楚，若自己在路演阶段表现出强烈的购买意愿，那么最终将会推高自己的购买价格，因此若要保证路演成功进行，诱导投资者抛出更为真实的需求信息，承销商必须给参与路演的投资者一些好处，例如一定的IPO配额或IPO抑价。尽管基于IPO询价机制的抑价理论具有一定说服力，但从理论上来讲，承销商在路演阶段面对的通常是上百家机构投资者，每一个机构投资者对需求信息的边际贡献虽然存在，但并不会很大。因此，很难相信通常所观察到的高达50%左右的抑价幅度能够主要地被询价机制的均衡结果所解释。

最后值得一提的是早期巴伦（Baron，1982）提出的理论。虽然他也同样考虑到IPO的询价制度，但在他的理论中，上市公司缺少市场需求方面的信息是相对于承销商而言，而并非相对于投资者。为了防止承销商出现道德风险，激励承销商努力地推介和营销股票，上市公司的最优选择就是进行抑价发行，因为上市公司不可能无成本地监督承销商。

2.2.2 IPO长期弱势与企业IPO决策

有效市场假说的支持者认为，新发行的股票一旦经历IPO进入二级市场流通，就会像其他股票一样，其股价时刻体现着股票的内在价值，伴随着新信息的不断产生而做出随机游走（Fama，1970）。这意味着新发股票未来的收益是不可预测的。从这个意义上讲，IPO之后股价的长期走势问题不应该是一个与IPO有关的问题，而应该是一个标准的资产定价问题。然而，大量研究发现，相比于其他投资组合，一个全部由IPO股票构成的投资组合，其长期回报率经常是负的。尽管学者们在相关问题的研究时所采用的收益测量方法不同、样本时间区间不同、样本选择的标准不同，导致不同研究得出的数值结果相差很大，但总体来说，IPO长期弱势的结论已形成一定共识。这一发现对有效市场假说和无风险套利思想提出了巨大挑战。

IPO长期弱势（long-run underperformance）是指以首日收盘为起点，新发行股票的长期收益往往低于市场大盘或可比的老上市公司股票。瑞特（Ritter，1991）发现1975～1984年美国股票市场上IPO的长期收益显著低于规模和行业相匹配的基准公司。埃克伯、马苏利斯和诺里（Echbo，Masulis and Norli，2000）以规模和流动性匹配的公司作为基准，也发现了类似的现象。瑞特和威尔什（2002）用1980～2001年的美国股票市场IPO作为样本进行实证分析，结果发现从IPO上市首日收盘开始的三年买入并持有（buy and hold）收益率是22.6%，而经过市场指数收益率调整后却降到-23.4%。他们发现IPO长期表现对不同样本时期、参照基准、衡量方法的选择很敏感。高帕斯和勒纳（Gompers and Lerner，2003）利用1935～1972年美国的IPO样本，以五年期计算，指出使用不同的测量方法，会对IPO的长期表现得出不同的结论。这一点在发展中国家表现得尤为明显。扎鲁奇、卡普贝尔和古达科尔（Ahmad - Zaluki，Campbelll and Goodacre，2007）发现通过不同的测量方法，1990～2000年马来西亚的IPO甚至出现长期强势的现象。在他们之后，许多学者纷纷对各国（地区）的IPO长期表现进行了实证研究，大部分实证检验支持了IPO长期弱势现象的存在。这不仅是近期现象，而且早在20世纪20年代就已经出现了。同时该现象不仅在美国存在，其他不少国家也存在同样情形，只有日本、韩国和瑞典有所例外。

早期米勒（Miller，1977）的理论对于理解IPO长期弱势有一定帮助。他认为，投资者对企业的估值存在异质的预期，最乐观看涨的投资者会在新股IPO时进行购买，而悲观看跌的投资者由于受到卖空约束无法卖出，便无法制止IPO出现高溢价。随着时间流逝，异质信念逐渐平衡，边际投资者对股价的估值逐渐收敛到其内在价值，价格便会出现下跌。舒尔兹（Schultz，2003）对IPO长期弱势现象提供了另外一种理论解释。他认为成功的IPO之后经常会出现IPO的跟风（热销市场之谜），因此，扎堆IPO的最后一组IPO股票往往就是比较失败的IPO，其在样本中所占的比例较大，而长期表现也更弱。如果在研究IPO长期表现时给每个IPO以相同的权重，那么后期大量失败的IPO就会占更大的比例，从而形成经验研究中所发现的长期弱势。需要指出的是，尽管该理论具有一定的逻辑性和合理性，但并不能解释全部经验研究的发现，因为也有许多经验研究不是以扎堆的IPO来分组，而是以时间为依据进行分组的。

蒂欧、威尔什和王（Teoh，Welch and Wong，1998）认为IPO长期弱势的原因是IPO阶段的过度自信。一方面，基金经理往往过度自信，因此他们很容易在股票发行时过度积极的购买（Heaton，2002）。另一方面，公司开展IPO之时，会刻意通过盈余管理制作好看的甚至虚假的财务报表，而市场并不能够准确地将其识别。这些行为至少能够说明IPO长期弱势在一定程度上是由于市场的过度自信和未能准确地预估风险而造成的。类似地，丹尼尔、希尔什莱弗和苏布拉曼亚姆（Daniel，Hirshleifer and Subrahmanyam，1998）认为过度自信的是投资者，而伯纳尔多和威尔什（Bernardo and Welch，2001）则认为过度自信的是企业家。

2.2.3 IPO热销市场与企业IPO决策

所谓的“热销市场”（hot-issue market）现象由伊波特森和杰夫（1975）和

瑞特（1984）最早提出，是指在某些时期 IPO 的发行量特别集中，并且在这种时期 IPO 首日的回报率（或抑价率）却特别大，少数热销期抑价率甚至高达 48.4%，而其他冷发时期抑价率却只有 16.3%（Ritter，1984）。如果假定市场是有效的，那么“热销市场”现象的出现就很难被解释了，因为不同企业根据自身的情况完全会选择不同的时机进行 IPO，不会出现如此明显的集中上市，也没理由做如此高比例的抑价。

早期对“热销市场”现象的解释都认为这源于市场的无效，IPO 集中发行的时期正是股价被非理性高估的时期，这些股价的高估期能够被企业家和管理者发现，但市场投资者却不认为股价被高估。例如瑞特（1991）所发现的 IPO 后的长期弱势证据，拉詹和塞维斯（Rajan and Henri Servaes，1997）所发现的分析师过度乐观的证据，帕加诺等（Pagano，Panetta and Zingales，1998）所发现的市盈率高时公司进行 IPO 的概率也高的证据，贝克尔和伍格勒（Baker and Wurgler，2000）所发现的市场股票发行占比大时随后股市回报率低的证据，洛瑞（Lowry，2003）发现的“热销市场”与投资者情绪相关的证据等等，都对市场有效性提出了质疑，从而有助于解释“热销市场”现象。

但随后本维尼斯特等（Benveniste，Busaba and Wilhelm，2002）、帕斯托和维罗尼希（Pástor and Veronesi，2005）、阿尔蒂（Alti，2005）、切曼努尔和何（Chemmanur and He，2011）等文章陆续提出了理性的有效市场模型来对 IPO 热销现象进行解释。本维尼斯特等（2002）认为，企业的内部决策者了解市场在评估企业价值时需要花费成本，因为可以搭便车，所以相对而言，后上市的企业比先上市的企业享有低成本获取信息的优势。作为 IPO 的承销商，投资银行因此也有动机让企业集中上市，从而降低 IPO 整体的信息成本。帕斯托和维罗尼希（2005）把 IPO 看做一种美式期权，IPO 的时机是该美式期权的最优行权时机，影响 IPO 决策的主要因素有预期的股市回报率、预期的总体盈利性以及先验的未来总体盈利性的不确定性，这些因素都与整体市场有关。随着市场环境的变化，企业做出彼此相似的 IPO 决策，由此出现理性的 IPO 热销市场现象。阿尔蒂（2005）的逻辑与本维尼斯特等（2002）的逻辑很接近，所不同的是阿尔蒂（2005）将市场需求信息的溢出问题与 IPO 的热销问题同时内生地在模型中予以确定。切曼努尔和何（2011）则强调了 IPO 与产品市场竞争之间的联系，认为企业 IPO 有助于扩大企业的产品市场份额。生产率高的企业在任何时机都可以上市，而生产率低的企业出于保护自己市场份额的需要而只会选择在市场条件好的时候跟风上市，从而出现 IPO 热销和集聚。

2.3 技术创新与IPO决策的相互影响研究

2.3.1 宏观层面的技术创新与企业融资研究

企业融资方式的选择从宏观层面上看就是一国的金融结构。鉴于发达国家与发展中国家在金融体系结构上存在着巨大的差异，大量文献曾围绕银行与股票市场在金融体系中的相对重要性展开过争论。

实证研究普遍发现，尽管银行主导型和股市主导型金融体系各有利弊，但在发展相对落后的国家，其金融体系以银行为主，随着经济迈入更高的发展阶段，股票市场的重要性也会不断提升。例如阿特吉和乔瓦诺维克（Atje and Jovanovic，1993）从39个国家的横截面数据中发现股票市场的相对规模越大，其人均GDP增速越快。理论对此的解释是，股票市场有利于分散创新企业所承担的高风险，而且股票市场能够为投资者提供更多的信息，从而优化资源配置，提高资本的边际生产率。哈里斯（Harris，1997）研究了49个国家的横截面数据并试图用二阶段最小二乘法（2SLS）来消除阿特吉和乔瓦诺维克（1993）研究中的内生性问题。他们发现，尽管总体来看股票市场的规模与GDP增长之间的联系没有之前报告的那么大，但对于发达国家的子样本而言仍然是显著的。库特和莱维（Demirgüç－Kunt and Levine，2001）汇集了对这一问题的大量实证研究和案例研究，以发达国家为主要研究对象，将英国和美国的金融体系作为市场主导型的代表，将德国和日本的金融体系作为银行主导型的代表，探讨了市场主导型金融体系和银行主导型金融体系各自的优劣势。塔德赛（Tadesse，2002）发现在金融部门高度发达、以大型企业为主的国家，市场主导型金融结构会优于银行主导型金融结构，而在金融部门不发达、以中小企业为主的国家，银行主导型金融结构反而会优于市场主导型金融结构。库尔和徐（Cull and Xu，2013）发现，在低收入国家，贷款交易越活跃，劳动力增速越快，而在高收入国家，更快的劳动力增速则来自于更大规模的金融市场。

从宏观来看，上述研究讨论的是金融结构——即由银行主导的金融系统还是由市场主导的金融系统——如何影响实体经济的表现。但是从微观来看，回答这些问题的关键在于回答由银行提供资本还是由市场提供资本对于企业来说会更有效率。这个问题正是公司金融领域所长期关注的。主要的理论可以分为银行主导论和市场主导论两类：

银行主导论认为，相比于市场，银行能够对资金用途进行更加有效的监督。银行通常要求企业以投入项目或其他自有资产作为抵押品，当企业出现无法按期还本付息的违约行为时，银行有权对抵押品实行清算，甚至要求企业破产以清偿债务。一方面，抵押和清算不仅能够保护银行和储蓄者的权益，也有利于银行克服由于信息不对称而导致的逆向选择和道德风险，促进金融资源的配置效率（Aghion and Bolton，1992；Bolton and Freixas，2000；Manove et al.，2001）。另一方面，银行具有“代理监督”（delegated monitor）的职能，即代表分散的个体储蓄者对融资企业进行筛选和监管（Diamond，1984）。由于能够充分发挥规模优势，并避免个体监督中的“搭便车”行为，同时激励不相容等问题（Stiglitz，1985），银行能够更加有效地获取和处理相关信息（Sharpe，1990），并进行有效的事前筛选和事后监督（Boot，Greenbaum and Thakor，1993；Boot and Thakor，1997；Holmström and Tirole，1997）。

市场主导论则认为金融市场能够比银行发挥更加有效的技术创新推动作用。一方面，由于技术创新项目的回报通常具有较大的不确定性，通过 IPO 进行融资，短期内股票回报的降低不会导致项目清算或企业破产，而通过银行融资企业则必须按期还本付息，而这会让创新型企业面临极大的清算和破产风险（Morck and Nakamura，1999）。另一方面，股票市场允许投资者持有不同的信息和看法，风险较高的技术创新企业更容易通过金融市场获得资金，而银行则更善于获取和处理“标准化”的信息。银行在为技术和产品较新的高风险项目提供融资时，通常缺乏效率（Weinstein and Yafeh，1998）。例如，艾伦和盖尔（Allen and Gale，1998）的模型指出，在投资者对技术创新企业前景分歧较大，并且信息成本昂贵的情况下，股票市场相比于银行更能够鼓励企业的技术创新。这是因为从银行融资必须说服贷款经理，而从股市融资则只需说服广大投资者中的一小部分。银行是否提供融资取决于贷款经理，若贷款经理不看好企业，那么企业就得不到融资；而若企业通过 IPO 进行融资，即使大多数投资者不看好企业、不愿意认购股票，只要有少数投资者看好企业，那么企业就能够获得融资。在风险管理方面，金融市场能够提供多样化的风险管理服务，而银行通常只能进行基础性的风险控制，当需要灵活的风险管理来提高资金筹集的效率时，金融市场更具优势（Levine，2005）。此外，还有一些研究指出，在以银行为主的金融体系中，银行的影响力往往过大，其结果导致企业为了从银行获得融资而让渡大量的收益，这将降低企业经营的创新性、盈利性和项目的努力程度（R. G. Rajan，1992）。

可以看出，银行主导论的逻辑核心在于“监督”，而市场主导论的逻辑核心则在于“创新”。鉴于“创新”对经济增长的根本性作用越来越得到广泛认可（King and Levine，1993；Schumpeter，1934），市场主导论的逻辑特别应该得到更深入的研究和挖掘。而进一步挖掘市场主导论逻辑的根本，则在于从微观的公司金融层面上对企业的IPO决策问题进行研究，特别是在技术创新的视角下研究企业的IPO决策问题。

2.3.2 微观层面的技术创新与企业融资研究

经过对各种IPO异象和谜题的发现和探讨，越来越多的学者开始将目光集中于企业的IPO决策之上。IPO决策的过程最终决定了IPO的价格（抑价之谜）和时机（热销之谜），而企业本身的特质（技术创新）及其在IPO决策时与被市场投资者所理解和预期时所发生的作用似乎既关系到抑价和热销，又与长期弱势有着密不可分的联系。因此，重新研究企业的IPO决策过程，尤其是在技术创新的视角下研究IPO决策过程，在微观层面来看，也将有助于理解和解释IPO的各种异象和谜题。

正式将IPO决策与技术创新活动联系在一起考虑的是马克西莫维克和皮彻勒(2001)，他们强调了技术创新对企业IPO时机和决策的影响。若企业相对于竞争对手抢先融资并投资于高风险的技术创新活动，那么作为行业技术的领导者将享有先动优势，从而有利于企业在产品市场上的竞争。但先动的代价是创新有可能会失败，或者行业发生技术变革导致先期投资白费从而被挤出，而且先动时的融资方式、投资用途、财务信息等的披露也会被竞争对手利用从而降低先动企业的竞争力。对技术创新相关因素进行考虑和权衡时，企业做出IPO决策，最终可以对抑价和热销现象进行解释。马克西莫维克和皮彻勒（2001）的研究对象是高风险的创新密集型行业，并没有对其他非创新密集型的行业和企业做出考察，也没有对两者的IPO行为模式的不同做出对比。

斯皮格尔和图克斯（Spiegel and Tookes，2008）建立了一个无穷期限模型来同时考虑产品市场创新、产品市场竞争和IPO融资决策问题。在他们的模型中，IPO的好处是可以降低未来的融资成本，但IPO的代价是容易被竞争对手模仿创新。帕斯托、泰勒和维罗尼希（Pástor，Taylor and Veronesi，2009）的理论模型认为，企业家需要在两种利益中做出权衡：如果选择公开上市，将获得上市后多元化投资和自身股份价值增加的好处；而如果选择保持私有，则将获得企业的完全控制权和内部现金流。在企业从事技术创新并取得突破时，企业预期的未来收益将大幅提高，此时公开上市是最优决策。在这种上市动机的驱使之下，平均而言，IPO之后公司的营利性将会下降，而且对于高风险企业尤其如此。这有助于解释IPO长期弱势之谜。他们采用1975~2004年间7183家IPO企业的样本进行实证研究，经验证据支持了这一结论。斯皮格尔和图克斯（2008）和帕斯托、泰勒、维罗尼希（2009）的研究虽然同时考虑了 IPO 和技术创新，都有助于解释长期弱势之谜，但是在他们的模型中都无法解释企业集中上市的时机选择问题，也无法解释热销市场之谜。

切曼努尔和何（2011）从产品市场的角度指出，公开上市这一行为有利于企业从未上市的竞争对手那里夺取市场份额，因此拥有更高生产率的技术创新企业总会选择比同行业的其他企业更早上市。无论在 IPO 热销市场（hot market）还是冷发市场（cold market），技术创新企业都有可能选择上市，而非技术创新企业则只可能在热销市场上市。技术创新企业上市融到的资金将用于投资，而非技术创新企业上市融资之后将更多地持有现金。他们用三套不同的样本数据逐一验证了上述结论。切曼努尔和何（2011）的模型虽然对 IPO 热销现象提供了新的解释，但对技术创新机制的刻画却显不足。

费雷拉、曼索和希尔维亚（Ferreira，Manso and Silva，2014）从投资者和企业家之间的信息不对称入手考虑技术创新和企业 IPO 决策问题。他们认为，在非上市公司中，由于内部绩效对外不透明，企业家更加能够容忍技术创新所伴随的风险，而且在不利因素发生时能够灵活地及早撤出资本，因此非上市公司更有利于企业开展技术创新。相反，在上市公司中，由于治理结构复杂，股价对公司现金流反映敏感，因此企业家和经理就有更大的动机采用传统技术并及早产生现金流，因此上市公司不利于企业开展技术创新。从事技术创新的企业的最优的选择是不上市，而从事传统业务和技术的企业的最优选择则是进行 IPO。

实证研究方面，切曼努尔、何和南迪（Chemmanur，He and Nandy，2010）研究了企业在产品市场方面的特征与上市决策之间的关系。他们发现私有企业在技术创新生产率、规模、销售额增长率、市场份额、行业竞争性、资本密集性、现金流风险性等方面的不同会显著地影响其公开上市的可能性，而且企业的公开上市行为往往发生在其技术创新生产率最高的时期。伯恩斯坦（Bernstein，2012）的实证研究发现，技术创新企业在完成公开上市之后，企业内部的创新质量会出现下降，掌握技术和诀窍的专家会离职，而剩余的创新人员的生产率也会大幅降低。这表明，公开上市之后，企业追求创新的竞争战略会发生改变，放弃创新转而采用传统技术对企业来说具有更强的吸引力。

2.4 国内相关的最新研究进展

我国股票市场起步较晚，起步初期 IPO 的发行方式和定价模式采用的是行政命令的模式，加之很多早期的 IPO 数据还不是很全面，因此国内学者对于我国

IPO问题的研究大多始于90年代中后期。

在IPO抑价之谜方面，我国学者做过大量的研究。徐文燕和武康平（2002）通过建立中国股市的收益率偏度模型进行了研究，认为承销商对新股的托市是造成高初始收益率的一个重要原因。张继强、周勇和张秉麟（2003）发现信号理论对中国IPO资本市场的高初始收益有较好的解释能力，但对该假说的直接证据支持相对较弱。靳云汇和杨文（2003）研究了上海股票交易所从1996～2001年期间所有新股发行和上市日的价格行为，通过新股首日超常收益率的横截面分析，分别检验了新股发行定价折扣的先验不确定性假设、投资银行信誉假设、信号假设、市场气氛假设等理论在中国市场的适用性，研究结果表明各种假设的解释能力在不同的发行机制下存在显著差异。2000年以前，上述理论假设检验不能通过，说明这些理论不能解释中国的新股高初始收益现象。其原因主要是以低市盈率为特征的计划价格发行方式，导致新股发行价格不能充分体现企业价值、风险程度、投资银行的信誉和投资者的价值判断等因素，高初始收益水平不是市场化因素选择的结果。2001年之后，理论假设检验成立，各理论均能解释中国的新股高初始收益现象。其原因是核准制的实行和新股发行价格的放开，使得IPO的初始收益水平能真正起到揭示企业价值和市场风险、反映投资银行的信誉作用。朱凯、田尚清和杨中益（2006）以中国2002～2003年的133家IPO公司为研究样本，发现控制权结构特征以及关联交易性质对IPO初始收益率有显著的影响，而董事会的独立性对IPO的初始收益率影响则不显著，其研究结果表明，良好的公司治理结构可以显著地降低IPO初始收益率，降低公司股权融资成本。他们认为，新股发行过程中监管部门对发行价格的限制，是导致中国市场新股高初始收益的主要原因。刘煜辉和熊鹏（2005）认为国外文献关于IPO高初始收益的种种动机的理论在中国缺乏立论基础，中国市场股权分置和政府管制的制度安排是导致新股在IPO时出现极高初始收益率的根本原因。朱凯和陈信元（2005）以2001～2002年的90家IPO公司为样本，检验了认购方式变化对IPO初始收益率的影响。分析结果表明，认购方式的变化，降低了投资者申购股票的成本，增加了投资者的股票需求，但对股票价值的估计却没有因需求的增加而变化；而公司则需要提高发行价格，以降低IPO过程中的融资成本。在控制了信号理论、代理理论以及市场环境等各方面因素对IPO初始收益率的影响后，发行方式的变化显著地降低了IPO的初始收益率，即IPO认购过程中的利息费用是影响公司定价行为的重要因素。因此，在上网发行方式下，由于没有考虑利息费用对公司决策的影响，IPO初始收益率实际上是被高估的，而二级市场配售方式下IPO初始收益率则较好地控制了利息费用的可能影响。

相对于抑价，国内在IPO长期弱势方面的研究从数量和力度上显得要薄弱很多，而且学术界对中国资本市场是否存在 IPO 长期弱势的现象仍持有争议。王美今和张松（2000）选取 1996 年 1 月至 1997 年 9 月间在上海证券交易所通过上网定价方式发行的 110 只 A 股股票作为样本，以上证 A 股指数为基准，对新股长期走势展开实证研究。研究结果发现股票在上市后经历了一个由弱走强的过程，上市后两年的收益高于市场；他们构造了经济计量模型来揭示新股上市后长期走势的影响因素，结果表明：对新股实际收益率影响最大的是该股票的市值；决定股票上市后两年内对市场指数走势强弱的因素是初始收益率及其流通股数。上述结论与国外研究发现的 IPO 长期弱势表现存在着明显的差异。沈艺峰和陈雪颖（2002）针对中国 IPO 的长期价格表现进行了实证分析，并发现了与国外相反的结论：不同样本期的研究均得出了中国不存在 IPO 股票价格长期弱势的结论。廖理和张伟强（2004）用 1997 ~ 1999 年上市新股的数据，发现 IPO 股票上市后 3 年期回报要高于同期市场回报，发行量、首日换手率和首日市净率对 IPO 股票的 3 年超额回报具有显著影响。许海（2001）用 1994 ~ 1996 年之间上市的 216 家企业为样本，选取 EBIT/A（总资产息税前收益率）来反映上市公司的经营业绩，对样本上市前 1 年及上市后 4 年内的业绩变化进行了统计分析，得出的检验结果显著，从而发现企业上市后经营业绩指标会有逐年下降的趋势。这一发现在一定程度上是有助于解释长期弱势现象的。陈工孟和高宁（2000）选取 1992 年 1 月至 1995 年 8 月间在沪深两市发行上市的 335 只 A、B 股作为研究样本，并对其长期收益进行了实证分析，结果发现：用市场相对收益来衡量后市长期收益时，A 股上市 3 年的表现略弱于市场；上市等待期较长（大于两个月）的样本组其发行的高初始收益较上市等待期较短的样本组（小于两个月）更高，长期表现也更差。夏新平和汪宜霞（2003）从行为金融理论和信息效率两个方面对长期弱势现象进行了解释。分析表明，非理性的市场参与者、无效的相关信息造成了 IPO 发行市场对于 IPO 盈利前景的过度反应。这种过度反应只有在长期内才能逐渐得以修正，从而导致 IPO 长期表现欠佳。基于行为金融的解释突破了传统的有效市场理论的基本假设，即理性市场参与者假设，认为非理性投资者对 IPO 的前景反应过度，从而引起了 IPO 短期价格的飙升和长期价格的回落。他们首次提出了 IPO 市场效率的概念，即对于历史信息的过度包装、预测信息的过度乐观，提高了投资者的最初支付意愿，而在其后要得到逐步修正。

除抑价和长期弱势研究外，我国学者对国内股票市场的热销现象也有相关探讨。韩德宗和陈静（2001）认为，由于 IPO 在我国一级市场上几乎无风险，获利颇丰厚，因此一级市场投资者对新股的需求远大于供给，导致中国 IPO 市场一直处于认购热的状态。其中 1997 年上半年是大牛市，1997 年也是该区间内 IPO 发行家数最多的时期，达到了 185 家，远高于 1998 年的 102 家和 1999 年的 92 家，这一数据充分说明了中国也存在“热销”市场。他们提出，在中国的IPO市场上，大部分的时候投资者都对认购新股保持极高的热情，中国的IPO热销市场是普遍存在的，从提高市场的资本化程度而言，热销市场有利于中国股份制改革进程的加快。谢赤和张祺（2004）以1996年1月1日至2003年11月10日期间在中国上海和深圳证券交易所A股市场挂牌上市交易的首次公开发行股票为样本，以半年为单位，分析了每段时间内新股的平均初始收益率和发行量，发现我国新股上市首日的价格表现异常，具有很高的超常收益率，并且伴随发生的还有较大的发行量。这说明中国IPO市场存在季节性变动现象，即存在发行的“旺季”和“淡季”，也就是热市与冷市。并且他们支持了伊博森和杰夫（Ibbotson and Jaffe，1975）的观点，认为在旺季时期，公开发行往往伴随着较高的超额回报。同时各旺季之间具有相关性，并且与证券市场整体条件相关，这说明管理层可以利用好的市场条件而进行新股的发行。杨胜刚和曾明贤（2006）用1991年8月至2004年9月中沪深两市A股市场上首次公开发行的股票为样本，选取了月发行IPO数量、月募集资金比例占总募集资金比例的权重、每月抑价率，在用AM-AR模型进行变量的相关性检验后发现，中国IPO市场存在着热销现象，无论是发行数量还是发行抑价率都存在明显的周期性现象。这是由中国IPO市场特殊的发行制度和固定价格发行方式以及投资者在参与投资过程中诸多的心理偏差和非理性行为导致的。

与上述研究相反，另一些研究通过各自的样本和方法证明热销市场现象不显著。例如应益荣和刘士杰（2004）选取2001年3月到2003年12月间在沪深两市A股市场上市的241只新股为研究样本，采用相关分析的方法考察了各月IPO数量以及月平均初始收益率，实证结果表明股票首次公开发行热销的市场现象在中国股市不显著。孙君敏和邓斌（2007）采用1990年1月至2004年8月首次公开发行的沪市831只和深市545只股票为样本，将数据按月分类，对每月新股的初始收益率和IPO后1~12个月的每月IPO数量之间做相关性分析，并以连续六个月为一个周期将样本数据进行分类统计，研究了各周期内初始收益率和发行量，发现IPO数量和初始收益率之间并无明显相关关系，中国股市IPO热销市场现象不明显。

在企业技术创新方面，国内有许多文章从技术创新主体、环境影响、社会行为、供求均衡、产业集群、公司治理等视角进行过研究。厉怒江（1993）、陈巧玲（2007）等认为技术创新动力机制取决于技术创新行为的动力、技术创新主体的动机与利益分配的方式。谢薇（1997）的E-E模式分析强调了环境因素、技术推动力与市场利益拉引力三者是企业家创新动力的源泉。许箫迪、王子龙和谭清美（2002）的模型构建指出企业的创新内在要求在外界环境刺激下会激发企业技术创新的动机；而企业技术创新的内在要求和创新动机的状态则取决于各种内在动力与技术创新本质特征的耦合程度。李猛（2006）从供求均衡角度研究了决定企业技术创新动力水平的创新动力需求供给均衡问题。傅家骥（1998）更加注重分析激励机制在推动企业创新活动中的重要作用，将技术创新活动的激励分为两个层次、四大因素，并指出企业创新的动力来源于这些激励方式的相互作用。鲁桐和党印（2014）研究过公司治理因素对企业技术创新投入的影响，发现对于不同类型（分为劳动密集型、资本密集型和技术密集型三种类型）的企业，公司治理因素对技术创新投入的影响既有相同点，也存在差异。

2.5 评述与小结

从上述国内外文献可以看出，技术创新决定经济增长，融资方式决定金融结构，二者作为宏观经济的微观机制已经得到了足够的重视与深入的研究，但二者之间的微妙联系与交互作用在目前还鲜有文章深入探讨。目前对IPO现象的研究要么仅注意到抑价、长期弱势与热销等异象，要么仅就事论事地研究企业进行IPO决策时的利弊权衡，很少有文章将企业的IPO决策与技术创新活动结合在一起进行探讨。

同时，有关技术创新的研究在目前也与IPO决策的研究基本上呈割裂状态，尤其是对技术创新活动的测量难以找到满意的途径。一方面，为了便于测量，许多文献将“技术创新”狭义界定为“研究与开发”活动，用研发资金或研发人员的投入量去测量，或者用专利数量、专利引用率、新产品数量、新产品销售额的产出量去测量。而另一方面，又不断有学者强调技术创新的动力或动机才是技术创新的本质特征。

鉴于目前的研究现状，本文的主要贡献是将企业的IPO决策问题与企业的技术创新活动有机地结合在一起，从理论上分析探讨其内在机制，从实证上充分检验理论模型在中国的适用性，利用对企业IPO行为模式的分析巧妙地判断企业的技术创新动机，也为技术创新难以测量的问题提供了一个新的解决思路，并且通过实证分析对拥有不同程度技术创新动机的企业在IPO后的长期绩效表现的差异问题进行进一步的检验。

第 3 章

技术信息溢出效应与技术创新企业的 IPO 决策

技术信息溢出是指一家公司所进行的技术创新成果被它的竞争企业获知后进行复制或学习的现象。与普通企业相比，技术创新企业的技术外溢风险非常高，因为技术信息是他们立于不败之地的核心竞争力体现。因此所有的技术创新企业都会尽可能地保守其技术秘密。那么，当技术创新企业面临 IPO 抉择时，由于公开上市企业的信息披露要求，企业很多与技术创新相关的内部信息都可能会被迫公布于众，从而造成竞争对手获知信息进而复制和赶超。换而言之，企业的 IPO 融资很可能会引发技术创新企业的技术信息溢出效应。在这一顾虑下，技术信息的溢出风险将成为影响企业 IPO 决策的重要因素，技术创新企业可能会因此而放弃或推迟 IPO。

本章主要讨论企业 IPO 融资所伴随产生的技术信息溢出效应对企业 IPO 决策的影响。本章首先会对 IPO 信息披露制度对技术创新企业的具体影响进行分析，然后介绍目前我国企业技术创新信息的披露现状，再通过建立数理模型从理论上分析技术信息溢出效应对企业技术创新决策与 IPO 决策所产生影响的内在机制，从而推导出可供实证检验的理论假说，最后用中国的实际数据对理论假说进行实证检验。

3.1 IPO 信息披露制度对技术创新企业的影响

技术创新经常是需要保密的企业竞争行为。企业在竞争中时刻都在模仿和学习其他企业的先进技术，同样，任何开发出先进技术的企业也都时刻面临着竞争对手的模仿和学习。同时，开展技术创新，通常需要花费大量的成本，如研发、实验、调研等等，但模仿和学习别人的技术创新，几乎不需要什么成本。正因为如此，如果企业的技术创新不能够保密，花费大量成本做出的技术创新被竞争对手轻易学去，那么企业就不会有动机去开展技术创新。如果技术创新能够保密

（如可口可乐的配方），那么技术创新带来的相对竞争优势所产生的高额现金流就可以被企业独享，企业也就具有了技术创新的动机。

然而，很少有技术创新可以完全保密不被模仿的。事实上，相当多的技术创新很容易被竞争对手获知进而模仿。新产品特性可以被竞争对手轻易模仿；新工艺可以被竞争对手通过反向工程（reverse engineering）探知；新原料可以通过对产品进行成分分析而被发现；新市场也很快会被竞争对手所占领。所以，技术创新企业所能够做的，一般是尽可能延长技术创新被模仿的时间。

延长被模仿的时间主要有两种方法：其一是申请专利。专利将技术秘密公开，但通过法律赋予专利持有人在一定时期内独享专利收益的权利。对于比较容易被模仿和学习但又具有明显独特创新的新技术，企业一般都会申请专利进行保护。但专利保护总是具有一定的时效性，超过时效，专利就会成为公共品，发明人不再能够独享收益，因此，如果对技术创新的保密工作有信心，企业便会选择保密而不是依靠专利保护。

保密是企业延长技术创新被模仿时间的另一种方法。通常情况下，保密的方式能够使技术创新不被模仿并保持相当长的一段时期，这段时期通常大于专利保护期。只要有可能保密，企业一般都会更倾向于保密，只有特别难以保密的技术创新才会通过专利进行保护。但是，若企业通过IPO融资成为上市公司，那么根据信息披露制度的要求，企业必须向所有潜在投资者公布影响自己未来经营的重大事项，这自然也包括了与技术创新密切相关的各种信息。如此一来，IPO融资便将给企业带来明显的弊端，即过去保密的技术创新项目将在很大程度上随着信息披露而被竞争对手察觉，进而出现模仿和跟进。所以，尽管IPO融资成本较其他融资方式更低，但作为上市公司的信息披露制度要求也给IPO方式的融资带来一定弊端。企业必须对此做出利弊权衡，从而决定是否通过IPO方式为技术创新项目融资。

3.2 我国IPO信息披露制度的相关要求

根据我国2007年1月30日生效的《上市公司信息披露管理办法》（以下简称《办法》）规定，上市公司必须同时向所有投资者公开披露信息，并且在信息披露之前，任何知情人都不得公开或泄露信息，也不得利用该信息进行内幕交易。

《办法》规定的信息披露文件包括招股说明书、募集说明书、上市公告书、定期报告和临时报告等。

招股说明书是企业 IPO 时必须公开披露的信息。招股说明书中必须披露的可能涉及企业技术创新秘密的内容包括：企业风险因素与对策；募集资金的运用；经营业绩；主要固定资产；财务会计资料；资产评估；盈利预测；公司发展规划；重要合同及重大诉讼事项等等。招股说明书的原则是凡是对投资者决策有重大影响的信息，均应予以披露。所以这些信息对于潜在竞争者而言同样可得。

定期报告包括企业 IPO 上市以后的年度报告、中期报告和季度报告。凡是对投资者决策有重大影响的信息，均应予以披露。年度报告应当在每个会计年度结束之日起 4 个月内；中期报告应当在每个会计年度的上半年结束之日起 2 个月内；季度报告应当在每个会计年度第 3 个月、第 9 个月结束后的 1 个月内编制完成并进行披露。年度报告中必须披露的可能与企业技术创新秘密有关的内容包括：主要会计数据和财务指标；董事会报告；管理层讨论与分析；报告期内的重大事件及对公司的影响；财务会计报告和审计报告全文。

临时报告发布可能对上市公司证券及其衍生品种交易价格产生较大影响的重大事件。在投资者尚未得知时，上市公司应当立即披露，并说明事件的起因、目前的状态和可能产生的影响。临时报告中更容易涉及企业的技术创新秘密，必须披露的可能与技术创新有关的内容包括：公司的经营方针和经营范围的重大变化；公司的重大投资行为和重大的购置财产的决定；公司订立重要合同，可能对公司的资产、负债、权益和经营成果产生重要影响；公司生产经营的外部条件发生的重大变化；获得大额政府补贴等可能对公司资产、负债、权益或者经营成果产生重大影响的额外收益等等。

通过发布《办法》所规定的各种信息披露文件，不难看出，技术创新企业如果选择 IPO 上市融资，则必然会面临技术创新信息提早泄露的风险。

3.3 基于技术信息溢出效应的 IPO 决策模型

本节通过数理模型详细刻画企业进行技术创新与 IPO 融资决策时所考虑的技术信息溢出问题，并从中推导影响企业技术创新决策与 IPO 融资决策的各种影响因素及其影响方式。

本节模型的基础最早源于兰切斯特（Lanchester，1916）研究军事策略时所提出的争斗模型（battle model）。多克纳、乔根生、朗和索格尔（Dockner，Jorgensen，Long and Sorger，2000）指出该模型已被广泛用于研究企业营销与广告策略。而本节则将该模型扩展至研究企业间的技术创新竞争与博弈及相应的融资与 IPO 决策问题。

3.3.1 模型的基本设定

假设行业中只有两个寡头企业，两企业风险中性，价值最大化，相互争夺市场份额。我们把需要做出技术创新决策与融资决策的企业称作“企业 1”；把其竞争对手称作“企业 2”。用 $u_i(t)$ 来表示企业 $i \in \{1, 2\}$ 在 t 时刻为争夺市场份额而支出的费用。用 s_i 表示支出的费用所产生的实际效果。实际中，支出 u_i 争夺市场份额的方式有做广告、开发产品新外观设计、开新门店、研发投入等；而 s_i 则代表了企业产品对顾客的相对吸引力或者营销活动的相对质量。企业 1 的技术创新将反映在 s_1 的提高上，也就是说技术创新将会提高企业产品对顾客的相对吸引力或者营销活动的相对质量。

企业 1 在 t 时刻的市场份额用 $m(t)$ 来表示；企业 2 的市场份额相应表示为 $1-m(t)$。时间从 $t=0$ 开始连续变动。给定初始值 $m(0)$，企业 1 的市场份额 $m(t)$ 发展的动态方程为：

$$dm = \frac{\phi[(1-m)s_1u_1 - ms_2u_2]}{s_1u_1 + s_2u_2}dt \tag{3.1}$$

其中 ϕ 代表客户对企业相对营销效果的反应程度。方程（3.1）的直观经济含义为：企业 1 的市场份额的改变量等于其从企业 2 处夺取的市场份额量与失去的市场份额量的差额。企业 1 的营销支出（u_1）越大或营销支出的质量（s_1）越高，市场份额增长就会越快；相反，若竞争对手企业 2 的营销支出（u_2）越大或支出质量（s_2）越高，则企业 1 的市场份额增长就会越慢，甚至为负。

需要注意的是，根据方程（3.1），企业 1 的市场份额 $m(t)$ 越大，那么就越容易失去市场份额，同时也越难以进一步夺取市场份额。这是本模型所假定的行业内双寡头竞争的内在要求，否则行业将会出现单企业完全自然垄断的现象。

每一时刻的瞬时利润与企业的市场份额呈正比。用 α_i 来表示企业 i 的每单位市场份额的盈利能力。利润 π_i 等于收益减去可变的营销成本和固定的运营成本 f_i：

$$\begin{aligned}\pi_1(t) &= e^{gt}(\alpha_1 m(t) - u_1(t) - f_1)\\ \pi_2(t) &= e^{gt}(\alpha_2(1-m(t)) - u_2(t) - f_2)\end{aligned} \tag{3.2}$$

符号 g 代表行业利润的增长率。

企业 1 首先需要决定是否开展技术创新。在本章模型中，技术创新能够提高产品对顾客的吸引力，即将方程（3.1）中的 s_1 增加为 s_1^*，从而帮助企业 1 在花费同样多的营销资金 u_1 的情况下更容易提高自身的市场份额。

假设企业 1 的自有资本有限，并且当前的自有资本刚刚足够支持当前均衡竞争环境下的资本需求。也就是说，如果企业 1 想要开展技术创新，那么技术创新项目所需要的资本只能通过融资获得。而融资要么通过 IPO 融资，要么通过私募融资：通过 IPO 融资的优点是融资成本较低，缺点是需要披露企业的经营信息，而这不可避免地会将宝贵的盈利机会（或技术创新途径）透露给竞争对手，由此损害企业将来在产品市场上的盈利表现；另一方面，通过私募融资虽然可以避免将信息透露给竞争对手，但融资成本较高，因为融资对象仅限于少数谈判实力很强的机构投资者，而这些私募投资者往往要求比较高的投资回报（Hertzel and Smith，1993）。

3.3.2　企业的价值函数及其求解

企业 1 与企业 2 的价值函数（未来利润贴现之和）分别定义为：

$$V_1(m,\ t) = \int_{t=0}^{T} (\alpha_1 m(t) - u_1 - f_1) e^{-\delta t} dt + B_1 \tag{3.3}$$

和

$$V_2(m,\ t) = \int_{t=0}^{T} (\alpha_2(1 - m(t)) - u_2 - f_2) e^{-\delta t} dt + B_2 \tag{3.4}$$

其中 $\delta \equiv r - g$ 代表净贴现率，r 为贴现率，g 为行业增长率，$r > g$。两企业都不能无限存续，博弈结束时间为 T，博弈结束时的企业价值的现值为 B_i。

遵循文献中微分博弈分析的标准做法，我们寻找一个博弈双方都采用马尔可夫策略（Markovian Strategy）的纳什均衡（Dockner，Jorgensen，Van Long and Sorger，2001）。根据两企业的价值函数（3.3）和（3.4），在马尔可夫纳什均衡时，如下 Hamilton - Jacobian - Bellman 方程必须成立：

$$\max_{u_1} \alpha_1 m - u_1 - f_1 + \frac{\partial V_1}{\partial m}\left\{\frac{\phi[(1-m)s_1u_1 - ms_2u_2]}{u_1s_1 + u_2s_2}\right\} + \frac{\partial V_1}{\partial t} - \delta V_1 = 0 \tag{3.5}$$

并且

$$\max_{u_2} \alpha_2(1-m) - u_2 - f_2 + \frac{\partial V_2}{\partial m}\left\{\frac{\phi[(1-m)s_1u_1 - ms_2u_2]}{u_1s_1 + u_2s_2}\right\} + \frac{\partial V_2}{\partial t} - \delta V_2 = 0 \tag{3.6}$$

并且满足终止条件 $V_i(T) = B_i$。

根据企业 1 与企业 2 的一阶条件

$$\frac{\partial V_1}{\partial m}\phi u_2 s_2 s_1 = (u_1 s_1 + u_2 s_2)^2 \tag{3.7}$$

和

$$-\frac{\partial V_2}{\partial m}\phi u_1 s_1 s_2 = (u_1 s_1 + u_2 s_2)^2 \tag{3.8}$$

可以解出均衡时的营销支出水平 u_1^* 和 u_2^* 分别为：

$$u_1^* = -\frac{\left(\frac{\partial V_1}{\partial m}\right)^2 \frac{\partial V_2}{\partial m}\phi s_1 s_2}{\left(\frac{\partial V_1}{\partial m}s_1 - \frac{\partial V_2}{\partial m}s_2\right)^2} \tag{3.9}$$

和

$$u_2^* = \frac{\frac{\partial V_1}{\partial m}\left(\frac{\partial V_2}{\partial m}\right)^2 \phi s_1 s_2}{\left(\frac{\partial V_1}{\partial m}s_1 - \frac{\partial V_2}{\partial m}s_2\right)^2} \tag{3.10}$$

将 u_1^* 和 u_2^* 的均衡解式（3.9）和式（3.10）代入 Hamilton – Jacobian – Bellman 方程（3.5）和（3.6）后经过代数整理可以得到微分方程组：

$$\alpha_1 m - f_1 + \frac{\left(\frac{\partial V_1}{\partial m}\right)^3 \phi s_1^2}{\left(\frac{\partial V_1}{\partial m}s_1 - \frac{\partial V_2}{\partial m}s_2\right)^2} - \frac{\partial V_1}{\partial m}\phi m - \frac{\partial V_1}{\partial t} - \delta V_1 = 0 \tag{3.11}$$

和

$$\alpha_2(1-m) - f_2 - \frac{\left(\frac{\partial V_2}{\partial m}\right)^3 \phi s_2^2}{\left(\frac{\partial V_1}{\partial m}s_1 - \frac{\partial V_2}{\partial m}s_2\right)^2} + \frac{\partial V_2}{\partial m}\phi(1-m) - \frac{\partial V_2}{\partial t} - \delta V_2 = 0 \tag{3.12}$$

从方程组（3.11）和（3.12）解出价值函数的方法是猜解和验证。我们假定企业价值函数的形式为：

$$v_i(m,\ t) = a_i(t) + b_i(t)m \tag{3.13}$$

将其代入方程组（3.11）和（3.12）可以解出函数 $a_i(t)$ 与 $b_i(t)$ 的形式为：

$$a_1(t) = \delta^{-1}\left[\frac{\phi\alpha_1^3 s_1^2}{(\phi+\delta)(\alpha_1 s_1 + \alpha_2 s_2)^2} - f_1\right] + C_1 e^{\delta t} \tag{3.14}$$

$$a_2(t) = \delta^{-1}\left[\frac{\phi\alpha_2^3 s_2^2}{(\phi+\delta)(\alpha_1 s_1 + \alpha_2 s_2)^2} + \frac{\delta\alpha_2}{\phi+\delta} - f_2\right] + C_2 e^{\delta t} \tag{3.15}$$

$$b_1(t) = k_1 e^{-(\phi+\delta)(T-t)} + \alpha_1(\phi+\delta)^{-1} \tag{3.16}$$

$$b_2(t) = k_2 e^{-(\phi+\delta)(T-t)} + \alpha_1(\phi+\delta)^{-1} \tag{3.17}$$

其中 C_i 和 k_i 的取值取决于具体问题的边值条件（即 B_i）。

作为分析的基础，我们首先考虑模型最简单最一般的情形，即两企业不创新、不融资、在无限时域上开展竞争的情形。由于两企业的博弈将会无限持续，模型的解必然与时间 t 无关，因此（3.14）到（3.17）中的 C_i 和 k_i 必然都等于零。因为$\partial V_i/\partial m$等于b_i，令（3.16）和（3.17）中的k_i等于零并代入（3.9）和（3.10），化简后得到两企业均衡时的最优营销支出u_i^*为：

$$u_i^* = \frac{\phi\alpha_i^2\alpha_j s_1 s_2}{(\phi+\delta)(\alpha_1 s_1+\alpha_2 s_2)^2} \tag{3.18}$$

其中i和j等于1或2并且$i\neq j$。

可以看出，最优营销支出u_i^*随净贴现率（$\delta=r-g$）的增大而减小；随本企业收益创造能力（α_i）的增大而增大；随顾客对促销的反应速度（ϕ）的增大而增大。此外，最优营销支出u_i^*也取决于竞争对手的收益创造能力以及两企业的营销支出效果等参数（α_j、s_i、s_j等）。简单来说，在两企业的非合作博弈中，对其中一个企业而言，若其竞争对手具有增加营销开支以抢夺竞争对手市场份额的强烈动机，则该企业出于利润最大化的考虑也会被迫增大营销开支；而若其竞争对手没有这样的动机（比如由于盈利能力（α_j）不够大、产品吸引顾客效果（s_j）不够好等原因），则该企业的营销支出也会相应缩减。

接下来我们考虑长期均衡下的企业1的市场份额m^*。令式（3.1）中的$dm=0$可以推出

$$m^* = \frac{\alpha_1 s_1}{\alpha_1 s_1+\alpha_2 s_2} \tag{3.19}$$

可以看到，收益创造能力（α_1）或产品吸引力（s_1）的增大都可以提高企业1长期均衡下的市场份额（m^*）。行业集中度（两企业市场份额的平方和）会随着两企业营销效果差额（$|\alpha_1 s_1-\alpha_2 s_2|$）的增大而提高。因此，我们可以将$\alpha_i s_i$理解为企业$i$的产品市场竞争力，并将两企业竞争力的差额$\alpha_i s_i-\alpha_j s_j$理解为企业$i$相对于其竞争对手企业$j$的竞争优势。此外值得注意的是，顾客对促销的反应速度（ϕ）并没有出现在（3.19）中，因为这里讨论的是企业市场份额的长期均衡值。因此，ϕ只影响m到达m^*值的时间，并不影响m^*值本身。

3.3.3 技术创新、企业融资与信息溢出的条件设定

在本章模型中，企业面临的技术创新机会表现为增加企业产品对顾客的吸引力（s_i）。例如企业让洗衣机在更短的时间内完成同样效果的洗涤，从而以同样的营销支出u_i取得更好的营销效果$s_i u_i$以及更大的市场份额。顾客能够知晓创新所在是这类技术创新的本质特点；而若顾客知晓，竞争对手必然也会知晓，所以这类技术创新的信息迟早会被公开，而竞争对手迟早也会模仿创新并迎头赶上。区别在于：若企业选择通过IPO为技术创新项目融资，那么由于信息披露的制度要求，技术创新信息溢出的发生会较快，竞争对手可以比较早地开始模仿；而若

企业选择通过私募为技术创新项目融资，那么就可以在一定程度上为技术创新项目保密，推迟信息溢出发生的时间。

在 T_0 时刻，企业1可以选择开展技术创新从而提高自身产品对顾客的吸引力（s_1），但需要投入研发成本 Z，所以 Z 也反映了技术创新的规模和融资的规模。假设企业1在 T_0 时刻是私有的，其自身资本刚够支持原先均衡状态下的资本需求，那么当需要开展技术创新时，相应的研发投入 Z 必须通过融资取得。如此一来，在 T_0 时刻，企业1将有三种策略可选：

（1）开展技术创新并通过IPO进行融资；

（2）开展技术创新并通过私募进行融资；

（3）不创新也不融资。

如果企业1选择策略（3），那么两企业产品的顾客吸引力 $S=\{s_1, s_2\}$ 均不发生改变，其情形会与之前分析的两企业不创新、不融资、在无限时域上开展竞争的情形完全相同。所以接下来我们只讨论企业1决定开展技术创新后的情形。

企业1经历 T_0 到 T_1 的时间开展技术创新，在 T_1 时刻，s_1 被提升至 s_1^*。尽管企业2最终会通过信息溢出了解到技术创新机会并能够在 T_2 时刻将 s_2 提升至 s_2^*（假设 $s_1/s_2=s_1^*/s_2^*$），但企业1总能够在 T_1 到 T_2 期间享有相对竞争优势。T_2 时刻之后，由于企业2模仿了技术创新，两企业的相对竞争力恢复到技术创新前的水平，因此长期均衡下两企业的市场份额和盈利性都会回到之前讨论的完全信息且时域无限条件下的均衡情况。

企业1所选择的融资方式不同，则决定信息溢出（企业2模仿技术创新）的时间（T_2）也不同。若企业1选择私募融资，那么企业2模仿技术创新将发生在 $T_2^{Private}$ 时刻；若企业1选择IPO融资，那么模仿将发生在 T_2^{Public} 时刻；我们假设 $T_2^{Private}>T_2^{Public}>T_1$。假设 $T_2^{Private}>T_2^{Public}$ 的依据是：私募融资对于技术创新项目的保密性通常都要比IPO融资好，所以竞争优势期相应也会相应较长。

技术创新、融资、信息溢出等事件发生的时间轴见图3－1。

图3－1　技术创新、融资、信息溢出等事件的时间轴

T_0 时刻：企业1决定是否开展技术创新，从而将 s_1 提升至 s_1^*。如果开展技术创新，那么企业1需要进一步决定如何融资（IPO或者私募），$S=\{s_1, s_2\}$；如果不开展技术创新，那么就是完全信息、时域无限条件下的均衡情形，$S=\{s_1, s_2\}$。

T_1 时刻：企业 1 技术创新完成，$S=\{s_1^*,\ s_2\}$，企业 1 相比于企业 2 享有相对竞争优势。

T_2 时刻：信息溢出，企业 2 成功模仿企业 1 的技术创新，$S=\{s_1^*,\ s_2^*\}$，企业 1 不再享有相对竞争优势，由于 $s_1/s_2=s_1^*/s_2^*$，长期均衡将会回到完全信息、时域无限条件下的均衡情形。

3.3.4　技术创新动机及其影响因素分析

要研究企业的技术创新动机和 IPO 融资动机，则需要对三种策略下的企业价值进行比较。三种策略分别对应的价值函数的解法与 3.3.2 节中所讨论的企业价值函数的解法类似，经过计算和解析最终得到的结果分别为：

（1）企业 1 开展技术创新并通过 IPO 进行融资的企业价值函数为：

$$
\begin{aligned}
V_1^{Public}(T_0)=&\frac{\alpha_1}{\delta(\phi+\delta)}\frac{\phi\alpha_1^2s_1^2}{(\alpha_1s_1+\alpha_2s_2)^2}\\
&+e^{-\delta T_1}\frac{\phi\alpha_1}{\delta(\phi+\delta)}\left[\frac{\alpha_1^2s_1^{*2}}{(\alpha_1s_1^*+\alpha_2s_2)^2}-\frac{\alpha_1^2s_1^2}{(\alpha_1s_1+\alpha_2s_2)^2}\right]\\
&+e^{-\delta T_2^{Public}}\frac{\phi\alpha_1}{\delta(\phi+\delta)}\left[\frac{\alpha_1^2s_1^{*2}}{(\alpha_1s_1^*+\alpha_2s_2^*)^2}-\frac{\alpha_1^2s_1^{*2}}{(\alpha_1s_1^*+\alpha_2s_2)^2}\right]-\frac{f_1}{\delta}+\frac{\alpha_1}{\phi+\delta}m(0)
\end{aligned}
\tag{3.20}
$$

相应地企业 2 的价值函数为：

$$
\begin{aligned}
V_2^{Public}(T_0)=&\frac{\alpha_2}{\delta(\phi+\delta)}\frac{\phi\alpha_2^2s_2^2}{(\alpha_1s_1+\alpha_2s_2)^2}\\
&+e^{-\delta T_1}\frac{\phi\alpha_2}{\delta(\phi+\delta)}\left[\frac{\alpha_2^2s_2^{*2}}{(\alpha_1s_1^*+\alpha_2s_2)^2}-\frac{\alpha_2^2s_2^2}{(\alpha_1s_1+\alpha_2s_2)^2}\right]\\
&+e^{-\delta T_2^{Public}}\frac{\phi\alpha_2}{\delta(\phi+\delta)}\left[\frac{\alpha_2^2s_2^{*2}}{(\alpha_1s_1^*+\alpha_2s_2^*)^2}-\frac{\alpha_2^2s_2^{*2}}{(\alpha_1s_1^*+\alpha_2s_2)^2}\right]-\frac{f_2}{\delta}+\frac{\alpha_2}{\phi+\delta}(1-m(0))
\end{aligned}
\tag{3.21}
$$

虽然式（3.20）与式（3.21）看起来比较复杂，但理解起来其实非常简单。等号右边的第一项对应 T_1 时刻之前（技术创新阶段）的企业利润的净现值；第二项对应 T_1 到 T_2^{Public} 期间（竞争优势阶段）的企业利润的净现值；第三项对应 T_2^{Public} 时刻之后（信息溢出阶段）的企业利润的净现值；余下两项分别根据企业固定的运营成本和初始市场份额对价值函数做出调整。

（2）企业 1 开展技术创新并通过私募进行融资时，企业 1 与企业 2 的价值函数 $V_1^{Private}$（T_0）和 $V_2^{Private}$（T_0）与式（3.20）和式（3.21）的形式几乎完全相同，

只是其中的 T_2^{Public} 被替换为了 $T_2^{Private}$。由于在时间轴上 $T_2^{Private} > T_2^{Public}$（见图 3－1），因此企业 1 采取私募融资时将享有更长时间的相对竞争优势（先动优势）。

（3）企业 1 不开展技术创新也不融资时，两企业的价值函数为式（3.13），情形将与之前讨论的完全信息且时域无限条件下的均衡情况相同。

接下来我们将采用比较静态分析（comparative statics）来研究技术创新动机的影响因素。为了更好地体现相对竞争优势的概念，我们令 $\psi = s_1/s_2 = s_1^*/s_2^*$ 表示企业 1 没有相对竞争优势（技术创新前为 s_1/s_2，技术创新并被竞争对手模仿后为 s_1^*/s_2^*）的情况，令 $\psi^* = s_1^*/s_2$ 表示企业 1 具有相对竞争优势（技术创新后，但竞争对手还未能模仿）的情况。如此，企业 1 的价值函数便可以改写为：

$$\begin{aligned}V_1(T_0) = &\frac{\phi\alpha_1^3\psi^2}{\delta(\phi+\delta)(\alpha_1\psi+\alpha_2)^2}\\ &+ e^{-\delta T_1}\frac{\phi\alpha_1}{\delta(\phi+\delta)}\left[\frac{\alpha_1^2\psi_2^{*2}}{(\alpha_1\psi^*+\alpha_2)^2} - \frac{\alpha_1^2\psi^2}{(\alpha_1\psi+\alpha_2)^2}\right]\\ &+ e^{-\delta T_2}\frac{\phi\alpha_1}{\delta(\phi+\delta)}\left[\frac{\alpha_1^2\psi^2}{(\alpha_1\psi+\alpha_2)^2} - \frac{\alpha_1^2\psi^{*2}}{(\alpha_1\psi^*+\alpha_2)^2}\right] - \frac{f_1}{\delta} + \frac{\alpha_1}{\phi+\delta}m(0)\end{aligned} \tag{3.22}$$

注意式（3.22）中使用的是 T_2 和 $V_1(T_0)$。若令 $T_2 = T_2^{Public}$，则 $V_1(T_0)$ 等于 $V_1^{Public}(T_0)$，为通过 IPO 融资情况下的价值函数；若令 $T_2 = T_2^{Private}$，则 $V_1(T_0)$ 等于 $V_1^{Private}(T_0)$，为通过私募融资情况下的价值函数。

企业 1 的技术创新动机可以用 $\partial V_1(0)/\partial\psi^*$ 来测量，因为该量反映了技术创新机会所带来的相对竞争优势的边际价值，

$$\frac{\partial V_1(0)}{\partial\psi^*} = \left[\frac{\psi^*}{(\alpha_1\psi^*+\alpha_2)^2} - \frac{\alpha_1\psi^{*2}}{(\alpha_1\psi^*+\alpha_2)^3}\right]\left[\frac{2\phi\alpha_1^3(e^{-\delta T_1}-e^{-\delta T_2})}{\delta(\phi+\delta)}\right] \tag{3.23}$$

其恒大于零。

若考察企业 1 自身的盈利能力（α_1）对其技术创新动机（$\partial V_1(0)/\partial\psi^*$）的影响，可求后者对前者的偏导数

$$\begin{aligned}\frac{\partial^2 V_1(0)}{\partial\psi^*\partial\alpha_1} = &\left[\frac{6\alpha_1^2\psi^{*2}}{(\alpha_1\psi^*+\alpha_2)^2} - \frac{12\alpha_1^3\psi^{*2}}{(\alpha_1\psi^*+\alpha_2)^3} + \frac{6\alpha_1^4\psi^{*3}}{(\alpha_1\psi^*+\alpha_2)^4}\right]\times\\ &\left[\frac{\phi\alpha_1^3(e^{-\delta T_1}-e^{-deltaT_2})}{\delta(\phi+\delta)}\right]\end{aligned} \tag{3.24}$$

容易验证，$\partial^2 V_1(0)/\partial\psi^*\partial\alpha_1$ 恒大于零，说明企业盈利能力越大，将越倾向于开展技术创新。根据式（3.19），企业盈利能力（α_1）越大则长期均衡下的市场份额（m^*）越高，因此式（3.24）同时意味着企业市场份额越大，则技术创新动机就越强。从现实来看，大企业通常是竞争的胜出方，只有胜出才能占有较大比

例的市场份额。增大 s 的技术创新机会可以让大企业（高盈利能力企业）夺取更多的市场份额。即使竞争对手会模仿创新并在 T_2 时刻最终赶上，赢回市场份额也仍需经历一段时间，企业越大（盈利能力越高），这段时间的相对竞争优势所产生的回报就越大。

若考察竞争对手的盈利能力（α_2）对企业 1 技术创新动机（$\partial V_1(0)/\partial\psi^*$）的影响，可求后者对前者的偏导数

$$\frac{\partial^2 V_1(0)}{\partial\psi^*\partial\alpha_2}=\left[\frac{-4\psi^*}{(\alpha_1\psi^*+\alpha_2)^3}+\frac{6\alpha_1\psi^{*2}}{(\alpha_1\psi^*+\alpha_2)^4}\right]\left[\frac{\phi\alpha_1^3(e^{-\delta T_1}-e^{-\delta T_2})}{\delta(\phi+\delta)}\right] \quad (3.25)$$

容易验证，当 $\psi^*\alpha_1<2\alpha_2$ 时，$\partial^2 V_1(0)/\partial\psi^*\partial\alpha_2$ 小于零。这意味着，对于小企业而言，竞争对手的市场份额越大（盈利能力越高），开展技术创新的动机就会越小。从现实来看，若竞争对手占有较大比例的市场份额或较高的盈利能力，那么本企业在竞争中就会处于劣势，开展技术创新所带来的潜在好处通常弥补不了被模仿所造成的成本，因此技术创新动机会被削弱。

采用类似的方法，我们还可以考察顾客对营销效果的反应程度（ϕ）以及企业价值的净贴现率（δ）对企业技术创新动机（$\partial V_1(0)/\partial\psi^*$）的影响，方法都是求偏导后判断正负，过程不再赘述。由此，我们把企业技术创新动机的影响因素及其影响方式的研究结果汇总在表 3 - 1 中。

表 3 - 1　　技术创新动机的影响因素及影响方式

影响因素	影响方式（偏导数）	正负号	前提条件
本企业盈利能力	$\partial^2 V_1(0)/\partial\psi^*\partial\alpha_1$	+	所有企业
竞争对手盈利能力	$\partial^2 V_1(0)/\partial\psi^*\partial\alpha_2$	-	小企业
竞争对手盈利能力	$\partial^2 V_1(0)/\partial\psi^*\partial\alpha_2$	+	大企业
顾客对营销效果的反应程度	$\partial^2 V_1(0)/\partial\psi^*\partial\phi$	+	所有企业
企业价值的净贴现率	$\partial^2 V_1(0)/\partial\psi^*\partial\delta$	-	所有企业

3.3.5　IPO 融资动机及其影响因素分析

若企业 1 通过 IPO 为技术创新项目融资，则其价值函数 $V_1^{Public}(T_0)$ 为公式（3.20）；若企业 1 通过私募为技术创新项目融资，则其价值函数 $V_1^{Private}(T_0)$ 为公式（3.20）中将 T_2^{Public} 替换为 $T_2^{Private}$。由于 $T_2^{Private}>T_2^{Public}$（见图 3 - 1），因此企业 1 在私募融资时会享有更长时间的先动优势，但私募融资也有较高的融资成本。为简单起见，我们假设 IPO 融资时技术创新项目成本为 Z，但私募融资时技

术创新项目成本为 $Z(1+D)$，其中 D 代表私募投资者所要求的资本回报溢价。

企业 1 通过 IPO 融资的动机可以用 $V_1^{Public}(T_0)-V_1^{Private}(T_0)$ 来测量，因为两种融资方式所对应的价值函数哪个更大，企业就会选择哪种方式进行融资。所以，当且仅当 $V_1^{Public}(T_0)-V_1^{Private}(T_0)>0$ 即

$$ZD-[e^{-\delta T_2^{Public}}-e^{-\delta T_2^{Private}}]\frac{\phi\alpha_1^3}{\delta(\phi+\delta)}\left[\frac{s_1^{*2}}{(\alpha_1 s_1^*+\alpha_2 s_2)^2}-\frac{s_1^{*2}}{(\alpha_1 s_1^*+\alpha_2 s_2^*)^2}\right]>0 \tag{3.26}$$

时，企业 1 会选择 IPO 的方式为技术创新项目融资。显然，技术创新规模（Z）越大或私募投资者要求的溢价（D）越高，企业越倾向于通过 IPO 进行融资。

接下来，我们将采用比较静态分析（comparative statics）来研究企业其他方面的特征对其 IPO 融资动机的影响。首先考虑企业 1 自身的盈利能力（α_1）的影响。由于偏导数

$$\frac{\partial(V_1^{Public}-V_1^{Private})}{\partial\alpha_1}=q\alpha_1^2\left[\frac{\psi^2(\alpha_1\psi+3\alpha_2)}{(\alpha_1\psi+\alpha_2)^3}-\frac{\psi^{*2}(\alpha_1\psi^*+3\alpha_2)}{(\alpha_1\psi^*+\alpha_2)^3}\right] \tag{3.27}$$

（为了简洁我们用 q 表示 $[e^{-\delta T_2^{Public}}-e^{-\delta T_2^{Private}}](\delta(\phi+\delta))^{-1}\phi$），鉴于总有 $\psi^*>\psi$（相对竞争优势），式（3.27）恒为负。因此我们得出，企业自身的盈利能力（α_1）越大，企业会越倾向于采用私募融资。换句话说，模型在这里推出的结果是：盈利能力高的企业倾向于通过私募为技术创新项目融资，而盈利能力低的企业倾向于通过 IPO 为技术创新项目融资。直观来讲，出现这一结论是因为盈利性越高，企业在享有相对竞争优势的阶段所获得的利益就越大，而私募融资的成本并不因企业的高盈利性而增加，所以企业会更倾向于通过私募融资来延长享有相对竞争优势的时期。从现实来看，这一结论与实证研究的发现也是吻合的，比如 IPO 企业随后的财务绩效会不如其他上市公司的好（Loughran and Ritter，1995）。

其次我们来考察竞争对手企业 2 的盈利能力（α_2）对企业 1 的 IPO 融资动机的影响。从偏导数

$$\frac{\partial(V_1^{Public}-V_1^{Private})}{\partial\alpha_2}=2q\alpha_1^3\left[\frac{\psi^{*2}}{(\alpha_1\psi^*+\alpha_2)^3}-\frac{\psi^2}{(\alpha_1\psi+\alpha_2)^3}\right] \tag{3.28}$$

可以看到，其符号正负取决于两企业盈利能力 α_1 与 α_2 的相对大小。当 $\psi\alpha_1<2\alpha_2$ 时（3.28）为正，说明对于低盈利性企业，竞争对手的盈利性（α_2）越大，通过 IPO 融资的动机就越强；当 $\psi\alpha_1>2\alpha_2$ 时（3.28）为负，说明对于高盈利性企业，竞争对手的盈利性（α_2）越小，通过 IPO 融资的动机就越强。直观来讲，企业的盈利性越大，那么在争夺市场份额上就越占优势，所以对于处于竞争劣势的低盈利性企业，竞争对手的盈利性越大，技术创新所带来的相对竞争优势的利益就会越小，因此会更倾向于低成本的 IPO 融资；而对于处于竞争优势的高盈利性

企业，竞争对手的盈利性越小，技术创新所带来的相对竞争优势的利益就会越大，因此会更倾向于私募融资从而延长享有相对竞争优势的时期。

此外企业 IPO 融资动机的影响因素还有其他一些研究结果，研究方法与上述方法类似，不再赘述，研究结论如下：第一，技术创新程度（$\psi^* = s_1^*/s_2$）越大，IPO 融资动机就越弱（因为 ψ^* 越大，相对竞争优势时期带来的利益更大，企业会更愿意采用私募融资以延长该时期）；第二，营销支出的相对有效性（$\psi = s_1/s_2$）越大，IPO 融资动机就越强（因为 ψ 越大企业在竞争中的优势越明显，技术创新所带来的相对竞争优势时期的利益就相对显得不那么重要，IPO 融资的低成本就会更有吸引力）；第三，顾客对营销效果的反应程度（ϕ）越大，IPO 融资动机就越弱（因为 ϕ 越大营销效果越明显，相对竞争优势时期的利益就会越大，企业会更愿意通过私募融资来延长该时期）；第四，企业的净贴现率（δ）（或实际利率）越大，IPO 融资动机就越强（因为 δ 越大相对竞争优势时期利益的贴现值就会越小，企业就会更倾向于采用低成本的 IPO 融资）；第五，IPO 融资下信息溢出（竞争对手完成模仿）所需时间越长（T_2^{Public}越大），IPO 融资动机就越强（因为通过 IPO 融资的相对竞争优势时期被延长，IPO 融资带来的利益相对更多）；第六，私募融资下信息溢出（竞争对手完成模仿）所需时间越长（$T_2^{Private}$越大），IPO 融资动机就越弱（因为通过私募融资的相对竞争优势时期被延长，私募融资带来的利益相对更多）。基于上述分析，我们把企业 IPO 融资动机的影响因素及其影响方式的研究结果汇总在表 3－2 中。

表 3－2　　IPO 融资动机的影响因素及影响方式

影响因素	影响方式（偏导数）	正负号	前提条件
技术创新融资规模	$\partial(V_1^{Public} - V_1^{Private})/\partial Z$	+	所有企业
私募投资者要求的溢价	$\partial(V_1^{Public} - V_1^{Private})/\partial D$	+	所有企业
本企业盈利能力	$\partial(V_1^{Public} - V_1^{Private})/\partial \alpha_1$	−	所有企业
竞争对手盈利能力	$\partial(V_1^{Public} - V_1^{Private})/\partial \alpha_2$	+	低盈利企业
竞争对手盈利能力	$\partial(V_1^{Public} - V_1^{Private})/\partial \alpha_2$	−	高盈利企业
技术创新程度	$\partial(V_1^{Public} - V_1^{Private})/\partial \psi^*$	−	所有企业
营销支出的相对有效性	$\partial(V_1^{Public} - V_1^{Private})/\partial \psi$	+	所有企业
顾客对营销效果的反应程度	$\partial(V_1^{Public} - V_1^{Private})/\partial \phi$	−	所有企业
企业价值的净贴现率	$\partial(V_1^{Public} - V_1^{Private})/\partial \delta$	+	所有企业
IPO 融资下信息溢出所需时间	$\partial(V_1^{Public} - V_1^{Private})/\partial T_2^{Public}$	+	所有企业
私募融资下信息溢出所需时间	$\partial(V_1^{Public} - V_1^{Private})/\partial T_2^{Private}$	−	所有企业

3.4 技术信息溢出效应模型的实证检验

从上面基于技术信息溢出效应的 IPO 决策的数理模型所推导得出的一个重要结论是：高盈利能力企业倾向于通过私募方式为技术创新项目融资，而低盈利能力企业则倾向于通过 IPO 为技术创新项目融资。从理论上看，得出这一结论的原因主要在于 IPO 融资所导致的技术创新项目的信息溢出成本对于高盈利能力企业来说更大，所以积极寻求 IPO 上市的技术创新企业应该是相对低盈利能力的企业。

这一理论结果意味着，与通常人们认为企业做大做强才会寻求 IPO 上市相反，高盈利能力的技术创新企业其实并不希望通过 IPO 融资，寻求 IPO 融资的反而会是那些盈利能力相对较低的技术创新企业。那么，中国的现实是否也是如此？本节将采用实证研究方法对以下假说进行检验。

假说 3.1：IPO 企业的盈利能力低于行业内其他非 IPO 企业。

3.4.1 变量定义与数据来源

要检验假说 3.1，我们需要 IPO 企业与非 IPO 企业的盈利能力数据，以及各企业所属行业的信息。

按照文献的通常做法，盈利能力主要通过两种指标来衡量。其一是总资产收益率（ROA），计算公式为

$$ROA = \frac{Net\ Income}{Total\ Assets} \tag{3.29}$$

其中 *Net Income* 为当年企业的净利润，*Total Assets* 为当年企业的总资产。总资产收益率反映了企业使用其各种可用资产来创造收益的有效性。其二是净资产收益率（*ROE*），计算公式为

$$ROE = \frac{Net\ Income}{Shareholder's\ Equity} = \frac{Net\ Income}{Total\ Asset - Total\ Liability} \tag{3.30}$$

其中 *Shareholder's Equity* 为当年企业的所有者权益，*Total Liability* 为当年企业的总负债。净资产收益率反映了企业使用股东投资来创造收益的有效性。

本章所用数据来源于三大数据库：一是国泰安（gtarsc. com）提供的“中国上市公司首次公开发行研究数据库”，其中可以获取我国历年 IPO 企业招股前公布的财务报表，从中可以获得企业 IPO 之前的“净利润”“总资产”“所有者权

益”“上市日期”“所属行业”等数据；二是国泰安（gtarsc. com）提供的“CSMAR 中国上市公司财务报表数据库”，从中可以获得企业 IPO 之后的“净利润”“总资产”“所有者权益”“上市日期”“所属行业”等数据；三是中经网统计数据库（CEInet statistics database）提供的“全国宏观年度库”和“工业行业月度”，从中可以整理出各行业的“资产总计”“负债合计”“利润总额”等数据从而计算行业的平均 ROA 与 ROE。

在 IPO 企业样本的选择上，本节只选择在上海或深圳证交所发行 A 股的上市公司。考虑到数据样本的充实性，样本的时间区间设定在 2005 ~ 2013 年。有些企业的财务数据存在缺失值，这样的企业样本被自动舍弃。有些企业的所属行业与中经网的行业分类不完全匹配，对此我们手工进行了调整和整理。

3.4.2　IPO 企业盈利能力与行业平均水平的比较

首先，按年份对收集的数据进行汇总，对 IPO 企业的盈利能力与各行业平均水平的盈利能力进行比较，结果见表 3 - 3。盈利能力用收益率（ROA）与净资产收益率（ROE）来衡量。IPO 企业的盈利能力数据来自于企业进行 IPO 招股时所公布的最近的财务报表。各行业企业的盈利能力数据来自于统计局官方公布的统计数据。IPO 企业的盈利能力数据所属年份为会计报表统计的会计年度，通常是 IPO 上市时间的前一年。例如联明股份（603006. SH）的招股日期为 2014 年 6 月 17 日，IPO 日期为 2014 年 6 月 30 日，招股时最近的财务报表年度为 2013 年，所以其 ROA 0. 1262 和 ROE 0. 1818 在表 3 - 3 的统计中归入的是 2013 年。

表 3 - 3　历年 IPO 企业的盈利能力与行业平均水平的比较

年份	IPO 企业数	平均 ROA		平均 ROE	
		IPO 企业	各行业企业	IPO 企业	各行业企业
2005	24	0. 0932	0. 0739	0. 1991	0. 1525
2006	123	0. 1081	0. 0826	0. 2502	0. 2095
2007	56	0. 1395	0. 1277	0. 3080	0. 2121
2008	159	0. 1489	0. 1022	0. 2709	0. 1576
2009	356	0. 1417	0. 1030	0. 2652	0. 1218
2010	239	0. 1522	0. 1037	0. 2890	0. 1203
2011	131	0. 1591	0. 0912	0. 2672	0. 1392
2012	12	0. 1398	0. 0993	0. 2521	0. 1427
2013	62	0. 1256	0. 1048	0. 2096	0. 1495

从表3-3可以看出，总体来看，我国IPO企业的盈利能力在历年的平均值总是高于行业平均的盈利能力，并不支持假说3.1。但这有可能是因为表3-3对各行业进行了平均处理，不能反映各行业之间的差异，尤其是技术创新密集型行业与非技术创新密集型行业之间的区别。

接下来，我们按行业对收集的数据进行汇总，对IPO企业的盈利能力与行业内平均水平的盈利能力进行比较，结果见表3-4。

表3-4　各行业IPO企业的盈利能力与行业平均水平的比较

代码	行业	企业数	总资产回报率ROA		净资产回报率ROE	
			IPO企业	行业平均	IPO企业	行业平均
A01	农业	4	0.1047	0.0723	0.1980	0.1565
A02	林业	2	0.1265	0.0876	0.2041	0.1768
A03	畜牧业	9	0.1145	0.0828	0.2338	0.1804
A04	渔业	3	0.1162	0.0795	0.2112	0.1553
B06	煤炭开采和洗选业	6	0.1009	0.0946	0.2353	0.2295
B07	石油和天然气开采业	1	0.1751	0.1235	0.2515	0.2421
B09	有色金属矿采选业	5	0.2254	0.1374	0.4338	0.2143
B11	开采辅助活动	9	0.1412	0.1390	0.2210	0.2025
C13	农副食品加工业	20	0.1106	0.1002	0.2343	0.1823
C14	食品制造业	14	0.1761	0.1542	0.3054	0.2354
C15	酒、饮料和精制茶制造业	6	0.1580	0.1368	0.2595	0.2295
C17	纺织业	9	0.1196	0.1053	0.2636	0.2308
C18	纺织服装、服饰业	19	0.1685	0.1727	0.3101	0.3097
C19	皮革、毛皮、羽毛及其制品和制鞋业	4	0.1436	0.1365	0.2521	0.2364
C20	木材加工及木、竹、藤、棕、草制品业	5	0.1119	0.1051	0.2376	0.1403
C21	家具制造业	4	0.1534	0.1264	0.2962	0.1824
C22	造纸及纸制品业	6	0.1365	0.0978	0.2946	0.1735
C23	印刷和记录媒介复制业	5	0.1796	0.1092	0.3538	0.2286
C24	文教、工美、体育和娱乐用品制造业	10	0.1411	0.1378	0.2492	0.2394
C25	石油加工、炼焦及核燃料加工业	2	0.0661	0.0985	0.2025	0.1394
C26	化学原料及化学制品制造业	85	0.1421	0.1546	0.2668	0.2632

续表

代码	行业	企业数	总资产回报率ROA		净资产回报率ROE	
			IPO企业	行业平均	IPO企业	行业平均
C27	医药制造业	59	0.1984	0.2103	0.3119	0.3350
C28	化学纤维制造业	8	0.1418	0.1258	0.3069	0.2084
C29	橡胶和塑料制品业	32	0.1202	0.1064	0.2418	0.1957
C30	非金属矿物制品业	31	0.1254	0.1034	0.2441	0.2014
C31	黑色金属冶炼及压延加工业	3	0.0468	0.0832	0.1248	0.1068
C32	有色金属冶炼及压延加工业	25	0.1003	0.0986	0.2290	0.1498
C33	金属制品业	25	0.1205	0.1255	0.2714	0.2375
C34	通用设备制造业	64	0.1266	0.1312	0.2823	0.2578
C35	专用设备制造业	89	0.1539	0.1529	0.2892	0.2735
C36	汽车制造业	40	0.1126	0.1296	0.2299	0.2642
C37	铁路、船舶、航空航天和其他运输设备制造业	9	0.0694	0.0839	0.1928	0.2198
C38	电气机械及器材制造业	105	0.1372	0.1476	0.2716	0.2856
C39	计算机、通信和其他电子设备制造业	130	0.1667	0.1823	0.2824	0.3276
C40	仪器仪表制造业	23	0.1942	0.1638	0.3026	0.2780
C41	其他制造业	10	0.1221	0.1004	0.2399	0.1835
C42	废弃资源综合利用业	1	0.0857	0.0633	0.1796	0.1629
D44	电力、热力的生产和供应业	2	0.1088	0.0954	0.2225	0.1665
D45	燃气的生产和供应业	3	0.1073	0.0931	0.2667	0.1895
D46	水的生产和供应业	2	0.0685	0.0523	0.1509	0.1053
E48	土木工程建筑业	23	0.0892	0.1233	0.2717	0.2686
E50	建筑装饰和其他建筑业	10	0.0865	0.0738	0.2361	0.2247
F51	批发业	9	0.0831	0.0632	0.2121	0.1948
F52	零售业	19	0.0947	0.0826	0.2889	0.2762
G54	道路运输业	4	0.1023	0.0851	0.2284	0.1954
G55	水上运输业	8	0.0880	0.0742	0.1524	0.1439
G58	装卸搬运和运输代理业	2	0.0685	0.0494	0.2199	0.1730
G59	仓储业	5	0.1328	0.1251	0.2303	0.2132

续表

代码	行业	企业数	总资产回报率 ROA		净资产回报率 ROE	
			IPO 企业	行业平均	IPO 企业	行业平均
H61	住宿业	1	0.0819	0.0685	0.1105	0.1598
H62	餐饮业	2	0.1243	0.1056	0.2335	0.1843
I63	电信、广播电视和卫星传输服务	4	0.179	0.1397	0.2614	0.2357
I64	互联网和相关服务	10	0.2243	0.2430	0.2981	0.2934
I65	软件和信息技术服务业	86	0.1967	0.2386	0.2860	0.2799
J66	货币金融服务	9	0.0077	0.0065	0.1761	0.1532
J67	资本市场服务	9	0.0454	0.0092	0.1867	0.1728
J68	保险业	4	0.0090	0.0081	0.1573	0.1622
K70	房地产业	7	0.0866	0.0343	0.2418	0.2035
L72	商务服务业	11	0.1101	0.0822	0.2725	0.2434
M74	专业技术服务业	11	0.1326	0.1295	0.2595	0.2144
N77	生态保护和环境治理业	8	0.1191	0.1043	0.2459	0.2295
N78	公共设施管理业	3	0.0883	0.0691	0.1919	0.1709
Q83	卫生	3	0.1786	0.1584	0.2481	0.2387
R85	新闻和出版业	5	0.1040	0.0407	0.1800	0.1588
R86	广播、电视、电影和影视录音制作业	5	0.1779	0.0935	0.3241	0.2106
R87	文化艺术业	1	0.2234	0.1832	0.2767	0.2545

从表 3-4 可以看出，尽管农林牧渔、仓储、住宿、餐饮、卫生等等非技术创新密集行业仍然不支持假说 3.1，但诸多技术创新密集型的行业如计算机、互联网、软件、医药、工业制造等，则较多地出现了 IPO 企业的盈利能力低于行业平均水平的现象。这在一定程度上支持了假说 3.1，即对于技术创新企业而言，由信息溢出效应而导致的低盈利能力企业更倾向于 IPO 上市的假说是成立的。

3.4.3 IPO 三年后企业盈利能力与行业平均水平的比较

假说 3.1 在 IPO 企业盈利能力与行业平均水平的比较分析中并没有完全被支持，究其原因可能是企业在 IPO 前存在盈余管理（章卫东，2010），即企业可能通过会计手段使得企业招股前的财务报表看起来具有较高的盈利能力，使得假说

3.1 成立的证据难以被观察到。为此，本节的 IPO 企业的盈利能力数据采用企业 IPO 三年以后所公布的财务报表。首先按年份对收集的数据进行汇总，对 IPO 三年后企业的盈利能力与各行业平均水平的盈利能力进行比较，结果见表 3-5。

表 3-5　　历年 IPO 后三年企业的盈利能力与行业平均水平的比较

年份	IPO 三年后企业数	平均 ROA		平均 ROE	
		IPO 企业	各行业企业	IPO 企业	各行业企业
2005	69	0.0306	0.0739	0.0012	0.1525
2006	66	0.0414	0.0826	0.0725	0.2095
2007	98	0.0560	0.1277	0.2113	0.2121
2008	14	0.0389	0.1022	0.0799	0.1576
2009	70	0.0551	0.1030	0.1016	0.1218
2010	121	0.0417	0.1037	0.0260	0.1203
2011	77	0.0598	0.0912	0.1005	0.1392
2012	69	0.0545	0.0993	0.0825	0.1427
2013	230	0.0409	0.1048	0.0551	0.1495

从表 3-5 可以看出，总体来看，我国 IPO 三年后的企业盈利能力在历年的平均值几乎全都低于行业平均的盈利能力。如果我们认为 IPO 三年后的财务数据已经摆脱了盈余管理的操纵，反映的是 IPO 企业更为真实的盈利能力，那么表 3-5 就对待检验假说 3.1 形成了强烈的支持，也支持了 3.3 节的理论模型，即由于信息溢出效应的作用，在我国愿意开展 IPO 融资的技术创新企业的盈利能力低于企业的平均盈利能力。

为便于对比，接下来我们按行业对收集的数据进行汇总，对 IPO 三年后企业的盈利能力与行业内平均水平的盈利能力进行比较，结果见表 3-6。

表 3-6　　各行业 IPO 三年后企业的盈利能力与行业平均水平的比较

代码	行业	企业数	平均 ROA		平均 ROE	
			IPO 企业	行业平均	IPO 企业	行业平均
A01	农业	11	0.0454	0.0723	0.0688	0.1565
A02	林业	4	-0.0265	0.0876	-0.2193	0.1768
A03	畜牧业	9	0.0045	0.0828	-0.0102	0.1804

续表

代码	行业	企业数	平均 ROA		平均 ROE	
			IPO 企业	行业平均	IPO 企业	行业平均
A04	渔业	8	0.0223	0.0795	-0.2774	0.1553
B06	煤炭开采和洗选业	24	0.0701	0.0946	0.1266	0.2295
B07	石油和天然气开采业	6	0.0883	0.1235	0.1562	0.2421
B09	有色金属矿采选业	18	0.1041	0.1374	1.5411	0.2143
B11	开采辅助活动	3	0.0831	0.1390	0.1467	0.2025
C13	农副食品加工业	26	0.0414	0.1002	0.0699	0.1823
C14	食品制造业	17	0.0452	0.1542	0.0677	0.2354
C15	酒、饮料和精制茶制造业	33	0.0573	0.1368	0.0988	0.2295
C17	纺织业	38	0.0394	0.1053	0.0565	0.2308
C18	纺织服装、服饰业	19	0.0645	0.1727	0.0983	0.3097
C19	皮革、毛皮、羽毛及其制品和制鞋业	3	0.0464	0.1365	0.0646	0.2364
C20	木材加工及木、竹、藤、棕、草制品业	7	0.0232	0.1051	0.0377	0.1403
C21	家具制造业	4	0.0454	0.1264	0.0729	0.1824
C22	造纸及纸制品业	25	0.0286	0.0978	0.0319	0.1735
C23	印刷和记录媒介复制业	5	0.0580	0.1092	0.0857	0.2286
C24	文教、工美、体育和娱乐用品制造业	5	0.0599	0.1378	0.0749	0.2394
C25	石油加工、炼焦及核燃料加工业	19	0.0188	0.0985	0.0344	0.1394
C26	化学原料及化学制品制造业	133	0.0492	0.1546	0.0796	0.2632
C27	医药制造业	109	0.0451	0.2103	-0.0658	0.3350
C28	化学纤维制造业	22	0.0480	0.1258	0.0713	0.2084
C29	橡胶和塑料制品业	31	0.0452	0.1064	0.0585	0.1957
C30	非金属矿物制品业	53	0.0262	0.1034	0.0417	0.2014
C31	黑色金属冶炼及压延加工业	34	0.0572	0.0832	0.1036	0.1068
C32	有色金属冶炼及压延加工业	49	0.0191	0.0986	-0.3439	0.1498
C33	金属制品业	30	0.0428	0.1255	0.0677	0.2375
C34	通用设备制造业	64	0.0465	0.1312	0.0791	0.2578
C35	专用设备制造业	68	0.0288	0.1529	0.0237	0.2735
C36	汽车制造业	60	0.0371	0.1296	0.0600	0.2642

续表

代码	行业	企业数	平均 ROA		平均 ROE	
			IPO 企业	行业平均	IPO 企业	行业平均
C37	铁路、船舶、航空航天和其他运输设备制造业	26	0.0252	0.0839	0.0452	0.2198
C38	电气机械及器材制造业	103	0.0512	0.1476	0.0842	0.2856
C39	计算机、通信和其他电子设备制造业	134	0.0449	0.1823	0.0524	0.3276
C40	仪器仪表制造业	8	0.0435	0.1638	0.0711	0.2780
C41	其他制造业	9	0.0647	0.1004	0.1017	0.1835
C42	废弃资源综合利用业	1	0.0218	0.0633	0.0635	0.1629
D44	电力、热力的生产和供应业	53	0.0427	0.0954	-0.0076	0.1665
D45	燃气的生产和供应业	7	0.0980	0.0931	0.1830	0.1895
D46	水的生产和供应业	11	0.0451	0.0523	0.0393	0.1053
E48	土木工程建筑业	34	0.0305	0.1233	0.0851	0.2686
E50	建筑装饰和其他建筑业	13	0.0333	0.0738	0.0826	0.2247
F51	批发业	62	0.0309	0.0632	0.0488	0.1948
F52	零售业	69	0.0337	0.0826	-0.0328	0.2762
G54	道路运输业	28	0.0528	0.0851	0.0683	0.1954
G55	水上运输业	27	0.0683	0.0742	0.1038	0.1439
G58	装卸搬运和运输代理业	2	0.0543	0.0494	0.1032	0.1730
G59	仓储业	3	0.1157	0.1251	0.1596	0.2132
H61	住宿业	7	0.0287	0.0685	0.0016	0.1598
H62	餐饮业	4	0.0465	0.1056	0.0750	0.1843
I63	电信、广播电视和卫星传输服务	8	0.0298	0.1397	0.0377	0.2357
I64	互联网和相关服务	6	0.0690	0.2430	0.0865	0.2934
I65	软件和信息技术服务业	48	0.0666	0.2386	0.0943	0.2799
J66	货币金融服务	16	0.0088	0.0065	0.1654	0.1532
J67	资本市场服务	17	0.0218	0.0092	0.0353	0.1728
J68	保险业	3	0.0202	0.0081	0.1383	0.1622
K70	房地产业	127	0.0208	0.0343	-0.2906	0.2035
L72	商务服务业	16	0.0515	0.0822	0.0933	0.2434

续表

代码	行业	企业数	平均ROA		平均ROE	
			IPO企业	行业平均	IPO企业	行业平均
M74	专业技术服务业	4	0.0700	0.1295	0.1155	0.2144
N77	生态保护和环境治理业	2	-0.0426	0.1043	-0.0699	0.2295
N78	公共设施管理业	14	0.0451	0.0691	0.0714	0.1709
Q83	卫生	1	0.0692	0.1584	0.0740	0.2387
R85	新闻和出版业	11	0.0496	0.0407	0.0838	0.1588
R86	广播、电视、电影和影视录音制作业	2	0.0230	0.0935	0.0329	0.2106
R87	文化艺术业	1	0.0873	0.1832	0.1269	0.2545

从表3-6可以看出，当盈利能力换用IPO三年后数据之后，在各个行业都出现了IPO企业的盈利能力低于行业平均水平的现象。这同样强烈地支持了假说3.1，即将IPO前的盈余管理现象排除之后，由信息溢出效应而导致的低盈利能力企业更倾向于IPO上市的假说是成立的。

3.4.4 实证检验结果讨论

通过本节实证研究可以看到，尽管用IPO前盈利能力的数据去检验理论推论并没有得到支持，但使用IPO后三年的盈利能力数据却找到了经验证据。鉴于我国企业IPO前普遍存在盈余管理的现象，因此IPO前的盈利能力数据也许高于其真实水平，可信度并不高，而三年后的盈利能力数据则更能反映企业真实的盈利能力水平。

3.5 本章小结

本章从信息溢出效应的角度探讨了技术创新企业IPO融资的决策机制与相应推导得出的行为特点，并根据我国的实际数据对理论模型进行了实证检验。

技术创新企业的融资行为是以支持技术创新项目的建设为出发点的。不融资就难以完成技术创新，也就无法获得相对竞争优势；融资固然可以支持技术创新项目，但却有可能泄露企业内部信息和技术秘密。IPO融资的成本相比于私募融资成本要低，但IPO融资信息溢出更快。私募融资成本虽然较高，但信息溢出发生较慢。在权衡各方面利弊的前提下，企业将根据自身长期利益最大化的原则做出技术创新决策与融资决策。

根据数理模型的推导，本章得出的一项重要推论是：盈利能力越高，技术创新企业的 IPO 融资动机就越弱，私募融资动机就越强。这是因为盈利能力更高的企业在保有相对竞争优势的时期内获得的利益会更大，所以在融资与不融资之间会更倾向于融资；相对竞争优势时期的长短又与技术信息溢出有关，技术信息溢出发生得越晚，企业获得的利益就越大，因此在 IPO 融资与私募融资之间就更倾向于私募融资。

这一推论意味着申请 IPO 上市的技术创新企业应该是在行业中盈利能力较弱的企业，对于这一假说，本章收集整理了我国的实际数据进行了实证检验。若采用 IPO 之前的财务报表数据，该假说基本未得到支持；但若采用 IPO 之后 3 年的财务报表数据，该假说得到强烈支持。鉴于我国企业 IPO 之前存在着普遍的盈余管理现象，上述发现可以得到合理解释：由于盈余管理，IPO 之前的财务报表反映的盈利能力高于企业的实际水平，而 IPO 之后 3 年的财务报表反映的盈利能力则可以被看做是企业的真实盈利水平。由于后者支持本章假说，因此可以认为技术创新企业 IPO 时所考虑的信息溢出效应在我国是存在的。

第 4 章

产品市场竞争与技术创新企业的 IPO 决策

产品市场竞争是指处于同一行业的企业在产品市场份额上的争夺。与第 1 章所强调的信息溢出效应不同，本章考虑的重点放在 IPO 融资行为对企业产品市场竞争所产生的直接影响，即 IPO 融资行为会有助于企业市场份额的提高，从而影响技术创新企业的 IPO 融资决策。

本章首先对 IPO 融资行为直接促进企业产品市场竞争的内在机理进行分析解释，然后采用实际数据为我国 IPO 市场是否存在产品市场竞争效应提供经验证据，接下来通过建立数理模型分析产品市场竞争效应会如何影响技术创新企业的 IPO 融资决策，并得出一系列理论假说，最后用我国实际数据对理论模型的推论进行检验。

4.1 技术创新、IPO 与产品市场份额

企业为了自身长期利润的最大化通常都希望用尽可能小的成本去尽可能大地扩充自己的市场份额。而技术创新则能让企业以同样的市场份额获得更高的利润。尽管企业的技术创新项目通常都需要通过融资来展开建设，但值得注意的是，如果融资行为（例如 IPO）本身还能够帮助扩大企业的市场份额，那么企业的 IPO 行为将有更深远的意义，其决策过程也就需要更深入地进行考察。

在许多企业家眼里，通过 IPO 成为上市公司是企业成长过程的必经之路和重要环节。IPO 的意义经常不仅限于融资和信息披露，而是代表着企业将由私人公司转变为公众公司，由传统治理模式转变为现代治理模式。几乎所有企业都将 IPO 的决策纳入企业战略决策的一部分，其意义绝不仅限于融资而已。所以，本章从 IPO 行为的产品市场竞争效应来考察企业的 IPO 决策问题，有着充分的事实和直觉依据。

目前在我们所知的范围内，通过数理模型合理地解释 IPO 行为如何创造产品

市场竞争效应的文献还不多，但这一效应在中国的存在是有足够经验证据的（参见本书4.2节的实证研究）。从一般的认知来看，IPO行为有助于扩大企业产品市场份额的原因主要包括：

（1）成为上市公司可以提高企业的知名度和形象，提升客户和供应商对企业的信任度；

（2）上市公司更容易吸引优秀员工，可以通过奖励股票或股票期权的形式对员工的表现进行激励；

（3）上市公司可以使用自身拥有的普通股按市场价格作价来更为方便地收购潜在竞争对手或上下游企业；

（4）上市后股东股权被分散，企业的风险承受能力增加，转变为现代企业治理模式，因此经理人将采取更激进的战略领导企业开展竞争（Chod and Lyandres，2011）。

由于上述原因的存在，它们各自或综合的作用，可能导致企业的IPO行为有助于其获取更多的市场份额。这样类似的案例在现实中非常普遍。

以上市公司九阳股份为例，九阳在成为上市公司之后，其产品市场份额的争夺能力较之前有了很大的提升。2008年5月才刚刚上市的九阳股份，在上市仅半年之后，就向投资人递交了一份满意的年报：相比2007年，九阳股份在2008年实现营业收入43.2亿元、归属于母公司股东的净利润5.4亿元，分别同比增长123%和72%；每股收益2.25元，同比提高了43.31%。同时，九阳股份的各细分市场的市场份额也有较大增幅：2008年，除豆浆机产品的市场占有率保持高度稳定外，其他小家电产品市场占有率均不断提升。根据北京中怡康时代市场研究有限公司的市场研究报告，2008年12月，公司豆浆机市场占有率为86%，稳居行业第一位；料理机市场份额为37.8%，处于行业第一位；榨汁机市场份额31.7%，排名行业第一位；电磁炉的市场份额为14.36%，处于行业第二位；开水煲市场占有率为10.9%，位于行业第二位；电压力煲的市场占有率快速提升，目前以6.75%的市场占有率升至行业第三位。由此可见，从非公众公司变为上市公司，对于公司产品市场份额的夺取确实收效显著。

本节的研究并不打算解释或者检验企业IPO行为具有产品竞争效应的内在机理。本节只是承认这一事实，并将这一效应的存在作为前提，来探讨这一效应对于企业的IPO融资决策所具有的影响和启示。所以在4.2节，我们首先收集我国的实际数据来检验IPO融资的产品市场竞争效应是否存在，然后在4.3节以产品市场竞争效应作为前提假设来建立数理模型分析企业的IPO决策，最后在4.4节对本书提出的理论模型进行实证检验。

4.2 产品市场竞争效应在中国的经验证据

本节采用实证研究方法对我国企业 IPO 行为是否具有产品市场竞争效应进行实证检验。待检验的假说为：

假说 4.1：企业 IPO 后的市场份额大于 IPO 前的市场份额。

4.2.1 变量定义与数据来源

要检验假说 4.1，需要企业 IPO 前后的市场份额数据，以及各企业所属行业的信息。

市场份额是指企业的销售额占所处行业总销售额的比例，即

$$Market\ Share_i = \frac{Income_i}{Income_i + \sum_{j \in Industry} Income_j} \times 100\% \tag{4.1}$$

其中，$Market\ Share_i$ 代表企业 i 的市场份额，$Income_i$ 代表企业 i 的销售额，*Industry* 为行业内各企业集合。

计算市场份额变量的关键在于企业所属行业及行业内企业集合 *Industry* 的界定。首先，对于企业所属行业，本节采用该企业 IPO 时所公布的证监会 2001 年版或 2012 年版行业代码。至于行业内企业集合 *Industry* 的界定，本节选择的是与企业 IPO 之前就已上市超过 1 年的行业代码相同的所有企业。仅将上市公司纳入行业企业集合是因为可用数据有限，非上市公司的财务数据一般不对外公开，因此难以获得。使用上市公司作为行业企业集合可以看作整个行业企业的代理。如果在由上市公司构成的行业企业集合内发现企业 IPO 后市场份额提高的证据，则至少可以说明企业的 IPO 行为有助于其夺取同行业上市公司竞争对手的市场份额，那么其夺取非上市公司竞争对手的市场份额的能力也就不证自明了。

另外需要说明的是，某企业 IPO 后通常会有同行业的其他企业的 IPO，如果简单地将历年的同行业上市公司销售额汇总作为行业总销售额，那么会给研究带来偏差，容易得到不支持假说 4.1 的结果。这是因为，若某企业 IPO 之后又有大量同行业企业 IPO 上市，那么上述简单做法将使得该企业 IPO 之后行业的总销售额大幅提高，造成出现该企业 IPO 之后市场份额下降的假象。为了避免出现这一问题，本章在研究中不是简单地将历年同行业上市公司销售额进行汇总，而是选择企业 IPO 前业已上市一年的同行业上市公司作为不变的行业企业集合，由此计算 IPO 前后的市场份额，这样就可以避免 IPO 后由于新企业 IPO 所造成的行业总

销售额变大的问题。

本章所用数据主要来自于国泰安（gtarsc. com）提供的三个数据库：一是“中国上市公司首次公开发行研究数据库”，从中可以提取我国历年 IPO 企业招股前公布的“销售额”数据；二是“CSMAR 中国上市公司财务报表数据库”，从中可以提取 IPO 企业上市之后的“销售额”数据，以及各个行业的已上市企业的“销售额”数据；三是“CSMAR 中国股票市场交易数据库”，从中可以得到我国各个上市公司的 IPO 日期以及所属行业。本书只选择在上海或深圳证交所发行 A 股的上市公司作为研究样本。

4.2.2　上市公司 IPO 前后市场份额的差异

通过整理和计算，我们得到 601 家中国上市公司 IPO 前后的市场份额数据。按年份对收集的数据进行汇总，比较历年各企业 IPO 前后的市场份额变化，结果见表 4－1。市场份额数据是指 IPO 企业的销售额占行业总销售额的比重，而行业总销售额则是指 IPO 企业的销售额与同行业已上市企业的销售额之和。若某企业在 2008 年上市，则其 IPO 前一年的市场份额由 2007 年的财务报表计算得出，其 IPO 后一年的市场份额则由 2009 年的财务报表计算得出。

表 4－1　　历年 IPO 企业 IPO 前后市场份额差异

年份	IPO 企业数	市场份额		
		IPO 前一年	IPO 后一年	IPO 后－IPO 前
2007	99	7. 0392	7. 1245	0. 0853
2008	55	4. 4908	4. 6660	0. 1752
2009	63	5. 6716	6. 4069	0. 7352
2010	193	2. 3246	2. 4814	0. 1567
2011	122	2. 3944	2. 3273	－0. 0671
2012	69	5. 2564	5. 2018	－0. 0546

从表 4－1 可以看出，除在 2011 年和 2012 年上市的 191 家上市公司的市场份额平均略有下降不支持假说 4. 1 外，2007 年至 2010 年期间上市的 410 家上市公司的市场份额平均上升幅度较大，对假说 4. 1 提供了有力支持，即公司在 IPO 之后其市场份额平均都有提高。

同时，我们也可以按行业对收集的数据进行汇总，考察上市公司在 IPO 前后市场份额的变化，结果见表4－2。

表4－2　各行业IPO企业IPO前后市场份额差异

代码	行业	企业数	市场份额		
			IPO前	IPO后	IPO后－IPO前
A02	林业	2	14.4123	16.9517	2.5395
A03	畜牧业	6	18.8352	23.7295	4.8943
A04	渔业	2	7.2124	7.8900	0.6775
B06	煤炭开采和洗选业	4	14.0724	13.121	－0.9513
B07	石油和天然气开采业	1	39.7011	42.4169	2.7158
B09	有色金属矿采选业	4	17.3142	13.6657	－3.6485
B11	开采辅助活动	3	21.2982	21.2344	－0.0638
C13	农副食品加工业	12	2.1564	2.1122	－0.0442
C14	食品制造业	6	1.7023	1.6103	－0.092
C15	酒、饮料和精制茶制造业	4	1.9397	2.7039	0.7642
C17	纺织业	9	1.8976	2.0330	0.1354
C18	纺织服装、服饰业	17	5.5851	6.3349	0.7498
C19	皮革、毛皮、羽毛及其制品和制鞋业	4	20.4249	22.5688	2.1439
C20	木材加工及木、竹、藤、棕、草制品业	4	5.7900	5.8262	0.0362
C21	家具制造业	4	13.8037	15.9735	2.1699
C22	造纸及纸制品业	6	1.1394	1.2892	0.1497
C23	印刷和记录媒介复制业	3	26.2823	24.0080	－2.2743
C24	文教、工美、体育和娱乐用品制造业	6	22.8583	23.1246	0.2662
C25	石油加工、炼焦及核燃料加工业	2	1.0470	0.7864	－0.2606
C26	化学原料及化学制品制造业	52	0.3933	0.3907	－0.0027
C27	医药制造业	24	0.4198	0.3963	－0.0234
C28	化学纤维制造业	7	6.9132	6.4951	－0.4181
C29	橡胶和塑料制品业	17	1.2666	1.4974	0.2308
C30	非金属矿物制品业	17	0.6213	0.6192	－0.0021
C32	有色金属冶炼及压延加工业	16	2.3335	2.0597	－0.2738
C33	金属制品业	16	1.0649	0.8420	－0.2229

续表

代码	行业	企业数	市场份额		
			IPO 前	IPO 后	IPO 后 - IPO 前
C34	通用设备制造业	37	1. 2576	1. 3103	0. 0527
C35	专用设备制造业	33	0. 4967	0. 4313	-0. 0654
C36	汽车制造业	26	0. 5161	0. 5281	0. 012
C37	铁路、船舶、航空航天和其他运输设备制造业	6	11. 7170	13. 5459	1. 8289
C38	电气机械及器材制造业	54	0. 3497	0. 3250	-0. 0246
C39	计算机、通信和其他电子设备制造业	62	0. 1623	0. 1896	0. 0273
C40	仪器仪表制造业	5	8. 9482	11. 0268	2. 0785
C41	其他制造业	4	5. 1096	3. 8927	-1. 2169
D44	电力、热力的生产和供应业	1	0. 1926	0. 2014	0. 0087
D45	燃气的生产和供应业	3	10. 0468	9. 9115	-0. 1352
D46	水的生产和供应业	2	13. 9291	14. 4294	0. 5003
E48	土木工程建筑业	14	8. 8766	8. 1164	-0. 7601
E50	建筑装饰和其他建筑业	8	9. 8662	11. 6483	1. 7821
F51	批发业	7	1. 1721	0. 8879	-0. 2843
F52	零售业	13	1. 6065	1. 4588	-0. 1477
G54	道路运输业	3	2. 3399	2. 8494	0. 5095
G55	水上运输业	8	13. 0936	13. 1498	0. 0562
G58	装卸搬运和运输代理业	2	62. 8559	67. 6606	4. 8047
G59	仓储业	1	1. 0720	0. 6492	-0. 4228
H62	餐饮业	2	28. 5592	36. 3712	7. 8120
I63	电信、广播电视和卫星传输服务	1	0. 5855	0. 4426	-0. 1429
I64	互联网和相关服务	4	10. 8237	11. 7192	0. 8955
I65	软件和信息技术服务业	21	0. 9476	1. 0902	0. 1426
J66	货币金融服务	8	14. 3463	15. 0029	0. 6567
J67	资本市场服务	9	6. 8302	5. 9450	-0. 8852
J68	保险业	1	13. 4750	11. 5885	-1. 8864
K70	房地产业	5	0. 5267	0. 4980	-0. 0287
L72	商务服务业	4	7. 6219	11. 7895	4. 1675

续表

代码	行业	企业数	市场份额		
			IPO 前	IPO 后	IPO 后 - IPO 前
M74	专业技术服务业	2	9.4772	11.5779	2.1007
N77	生态保护和环境治理业	2	11.0265	8.1546	-2.8719
N78	公共设施管理业	1	2.5575	1.8219	-0.7357
R85	新闻和出版业	3	19.0738	14.8261	-4.2477
R87	文化艺术业	1	98.6574	93.2269	-5.4305

从表 4-2 可以看出，在林业、畜牧业、渔业、石油和天然气开采业、制造业、装卸搬运运输业、餐饮业、互联网和相关服务业、商业服务业、专业技术服务业等行业中，都存在着相当显著的 IPO 后企业市场份额比 IPO 前市场份额提高的现象。这些行业主要代表了第一产业、第二产业中的制造业以及第三产业中高新科技服务业的部分。这说明在我国从各行业来看，企业的 IPO 行为有助于提高其市场份额，具有产品市场竞争效应，支持假说 4.1 的成立。

4.3 基于产品市场竞争效应的 IPO 决策模型

本节通过数理模型详细来刻画产品市场竞争效应对技术创新企业 IPO 融资决策的影响，并从中推导出一些可供实证检验的实证假说。本节模型主要是基于切曼努尔和何（2011）对产品市场竞争与 IPO 融资的研究，但在该模型设定的基础上，本书加入了技术创新因素的影响。

4.3.1 模型的基本设定与企业的优化问题

假设行业中只有两个寡头企业，两企业风险中性，追求价值最大化，并相互争夺市场份额。假设企业 1 的市场份额为 m，企业 2 的市场份额为 $1-m$。同时，不失一般性，假设企业 1 的技术生产率（A_1）大于企业 2 的技术生产率（A_2），即 $A_1>A_2$。事实上企业 1 代表着技术相对领先的优势企业，企业 2 则代表着技术相对落后的劣势企业。

假设两企业起初均未上市，都依靠自有资本运营，并随后做出是否需要进行 IPO 融资的决策。为了简便起见，本章模型不考虑私募融资的方式，因为 IPO 融资所伴随的产品市场竞争效应更主要地会影响企业 IPO 融资的时机选择，而非 IPO 或私募方式的取舍。企业选择 IPO 融资的动因主要源自两个方面：第一，IPO 融资可以为技术创新项目募集资本，否则当技术创新项目规模较大却并未通过 IPO 进行融资时，技术创新项目只能搁浅；第二，IPO 融资能够帮助企业夺取竞争对手的市场份额，从而带来更高的利润回报。但同时，IPO 融资也需要付出固定的融资成本 B。

在 T_0 时刻，两企业均为私有，不需要融资；在其后的 T_1 和 T_2 两个时刻，两企业有两次融资机会，并会就市场份额展开两轮竞争。行业的技术创新将以一定概率（p）在 T_2 时刻发生。T_1 时刻两企业预计到 T_2 时刻有技术创新的可能，以 p 的概率使两企业的技术生产率在 T_2 时刻提高 ΔA，即 $A_{iH} \equiv A_i + \Delta A$。由于信息的溢出效应已经在第 1 章进行过充分讨论，为了简便起见，这里假设技术创新的信息是公开的、对称的。基于预期，两企业在 T_1 时刻需要决定是否通过 IPO 为技术创新项目提前融资，并开展第一轮产品市场竞争。在 T_2 时刻，技术创新是否发生成为现实，两企业基于技术创新是否发生的事实再一次决定是否需要进行 IPO，并开展第二轮产品市场竞争。由于技术创新信息公开，因此本章所讨论的两企业技术创新不存在保密或先后开展的问题，如果要开展技术创新，则两企业将在 T_2 时刻同时开展。为了简化分析，假设企业的技术创新决策外生决定，发生概率为 p。在最后的 T_3 时刻，企业收入长期现金流并将收益分配给股东，进行清算。

IPO 融资、产品市场竞争、技术创新、清算等事件发生的时间轴见图 4－1。

图 4－1　IPO 融资、产品市场竞争、技术创新、清算等事件的时间轴

T_0 时刻：两企业未上市。

T_1 时刻：两企业形成未来开展技术创新的概率分布的预期，选择是否提前进行 IPO 融资，进行第一轮产品市场竞争。

T_2 时刻：技术创新实现，仍未上市的企业选择是否进行 IPO 融资，两企业进行第二轮产品市场竞争。

T_3 时刻：两企业收入长期现金流，博弈结束。

两企业的目标都是长期企业价值的最大化。为了便于分析，我们假设企业的利润全部在 T_3 时刻产生，因此企业的长期价值为 T_3 时刻的收入减去成本加上清算资产，即企业 i 最大化其价值

$$V_i = A_i^{T_2}(m_i^{T_2})^{1-\gamma}(K_i^*)^{\gamma} - cK_i^* + K_i^{T_2} \quad (4.2)$$

其中，$K_i^{T_2}$ 表示 T_2 时刻结束时企业 i 所拥有的总资产。如果企业 i 始终没有通过IPO上市，那么 $K_i^{T_2} = K_0$，K_0 是两企业期初 T_0 时刻的初始禀赋（假设两企业初始资本禀赋相同）。如果企业 i 在 T_1 或 T_2 任何一个时刻通过IPO上市，则 $K_i^{T_2} = K_0 + E_i$，E_i 为企业 i 通过IPO上市募集到的资金。

$m_i^{T_2}$ 为企业 i 在 T_2 时刻结束时的市场份额，即为经历 T_1 和 T_2 时刻两轮产品市场竞争之后的市场份额。市场份额的大小依赖于企业及其竞争对手有无通过IPO上市（有关产品市场竞争模型的设定见4.3.2节）。

$A_i^{T_2}$ 代表企业 i 在 T_2 时刻结束时的技术生产率。如果在 T_2 时刻发生了技术创新，那么 $A_i^{T_2} = A_{iH}$，否则 $A_i^{T_2} = A_i$。

K_i^* 表示企业 i 实际使用的用于生产并产生现金流的资本，即有效资本，且 $0 \leqslant K_i^* \leqslant K_i^{T_2}$。企业实际使用的有效资本不能大于其实际拥有以及融到的资本。

c 是生产中发生的边际成本，即每投入1单位额外资本，将发生 c 单位成本，$0 < c \leqslant 1$。

最后，生产函数服从柯布—道格拉斯（Cobb - Douglas）形式，$0 < \gamma < 1$ 意味着生产技术规模报酬递减。生产函数中的两个变量分别为市场份额 $m_i^{T_2}$ 与有效资本 K_i^*，因为企业既可以通过夺取更多市场份额（增加收入）提高利润，也可以通过增加投资（降低成本）提高利润，两者具有替代关系。

从以上优化问题的一阶条件容易得出，企业 i 所使用的有效资本的最优值 K_i^e 依长期市场份额 $m_i^{T_2}$ 的增加而线性增加，也依企业技术生产率的提高而增加，

$$K_i^e = m_i^{T_2}(A_i^{T_2})^{\frac{1}{1-\gamma}}(c/\gamma)^{\frac{1}{\gamma-1}} \quad (4.3)$$

并且 $K_i^* = \min[K_i^e, K_i]$。

4.3.2 企业IPO及产品市场竞争效应的设定

与我们之前讨论的基于技术信息溢出效应的IPO决策模型相同，本章模型假设两企业相互争夺市场份额实现产品市场竞争；但不同之处在于，本章的竞争不是基于连续时间而是基于离散时间的。根据图4-1，两企业在 T_1 时刻（技术创新之前）和 T_2 时刻（技术创新之后）展开两轮产品市场竞争，基于自己已有的市场份额从竞争对手处夺取新的市场份额。具体而言，企业 i 的市场份额的动态方程为

$$m_i^{t+1} = m_i^t + (1 - m_i^t)s_i^{t+1} - m_i^t s_j^{t+1},\ i \neq j,\ t = 0,\ 1 \quad (4.4)$$

其中 m_i^t 代表企业 i 在 t 时刻的市场份额，由前面的符号设定可知，$m_1^0 = m$，$m_2^0 =$

$1-m$。s_i^{t+1} 代表企业 i 在第 $t+1(t=0,1)$ 轮竞争中的从企业 j 处夺取市场份额的能力。一方面，企业 i 可以从企业 j 处夺取市场份额 $(1-m_i^t)s_i^{t+1}$，另一方面，企业 i 的市场份额 $m_i^t s_j^{t+1}$ 也会被企业 j 夺取。因此企业 i 的市场份额大小 m_i^{t+1} 同时取决于两企业的市场份额水平和夺取市场份额能力。

为了便于分析，我们假设企业夺取市场份额的能力在 IPO 之后与其现有的市场份额呈线性关系，而企业若未进行 IPO，则其夺取市场份额的能力被正规化为零。这样的设定反映了本章研究的核心假设，即 IPO 有助于企业的产品市场竞争。具体而言，

$$s_i^{t+1}=sm_i^t \quad （若企业\ i\ 已\ IPO）$$
$$s_i^{t+1}=0 \quad （若企业\ i\ 未\ IPO） \tag{4.5}$$

其中 s 代表已通过 IPO 上市的企业每单位市场份额所对应的夺取市场份额的能力。

若企业选择早上市（即在 T_1 时刻 IPO），那么他就可以在接下来的两轮产品市场竞争（T_1 和 T_2）中夺取竞争对手的市场份额。从另一方面来看，若企业选择晚上市（即在 T_2 时刻 IPO），那么就会造成机会成本，即在 T_1 时刻可能会有市场份额被夺走。

若某企业决定通过 IPO 融资，那么在 T_1 时刻 IPO 总会好于在 T_2 时刻 IPO，因为早上市会给企业在产品市场竞争上带来先动优势（first-mover advantage）。以企业 1 为例进行说明：若行业最终结果是两企业均上市，那么在 T_1 时刻上市可以立即带来产品市场竞争优势，而若推迟在 T_2 时刻上市则既延迟了竞争优势的取得，又会使企业 1 面临竞争对手的激烈竞争；若行业最终结果是只有企业 1 进行 IPO，那么情况类似，T_1 时刻上市使企业 1 有两轮夺取企业 2 市场份额的机会，而 T_2 时刻上市则只有一轮，显然仍然是早上市更优。

IPO 固然会造成融资成本 B。若行业在 T_2 时刻发现不需要开展技术创新，也就不需要融资，那么也就没必要进行 IPO 融资从而增加成本 B。但在本章模型中，不进行 IPO 融资会造成另外一种机会成本（产品市场竞争），即错过夺取市场份额的机会，甚至被竞争对手夺取市场份额。因此，即使企业不需要进行技术创新和融资，仅仅从产品市场竞争的角度来考虑，企业也仍然会有 IPO 融资的动机。

4.3.3　产品市场竞争效应下技术创新企业的均衡决策

1. 不考虑产品市场竞争效应时技术创新企业的均衡决策

为了能够清楚看到产品市场竞争效应对于技术创新企业 IPO 决策的作用，我

们首先分析 IPO 不带来产品市场竞争效应，也就是产品市场竞争效应为零时的情形，为后面分析 IPO 带来产品市场竞争效应的情形打下基础。

当 IPO 募集资金 E_i 与企业长期价值的理性预期值 $\mathbf{E}_t(V_i)$ 给定时，投资者得到企业 i 的股份比例为 $E_i/\mathbf{E}_t(V_i)$，其余股份属于企业原先的所有者。因此企业所有者的目标是企业的市场价值最大化，并据此选择最优的投资策略。企业所有者可以选择只将 IPO 募集资金 E_i 的一部分用于投资，为了分析的简便，我们假设用于投资的资本不发生任何折旧和损耗。在 IPO 及其产品市场竞争效应的设定中，我们已经分析过企业的最优投资行为，由此可知最优投资额 K_i^* 不会超过有效投资额 $K_i^e(K_i^* = \min[K_i^e, K_i])$，并且有效投资额 K_i^e 依赖于 T_2 时刻的市场份额 $m_i^{T_2}$ 与技术生产率 $A_i^{T_2}$，见公式（4.3）。若企业 i 在 T_2 时刻没有开展技术创新，那么

$$K_i^e = m_i^{T_2}(A_i)^{\frac{1}{1-\gamma}}(c/\gamma)^{\frac{1}{\gamma-1}} \equiv m_i^{T_2}k_{iL}^e \tag{4.6}$$

而若企业 i 在 T_2 时刻开展了技术创新，则

$$K_i^e = m_i^{T_2}(A_{iH})^{\frac{1}{1-\gamma}}(c/\gamma)^{\frac{1}{\gamma-1}} \equiv m_i^{T_2}k_{iH}^e \tag{4.7}$$

其中定义的 k_{iL}^e 和 k_{iH}^e 分别代表了没有技术创新和有技术创新两种情况下企业 i 每单位市场份额的有效资本。

为了便于分析，假设 $E_1 = E_2 \equiv E > \max(K_{iH}^e - K_0, 0)$，$\forall i = 1, 2$，即两企业通过 IPO 募集的资金量相等，均为 E，并且足够满足技术创新项目的融资需求。根据投资者的参与约束，融资额 E 至少将能够购买 $E/\mathbf{E}_t(V_i)$ 比例的企业股份。只要企业通过 IPO 上市，其长期（T_3）价值 V_i 将等于

$$V_i = A_i^{T_2}(m_i^{T_2})^{1-\gamma}(K_i^e)^{\gamma} - cK_i^e + K_0 + E - B \tag{4.8}$$

如果不考虑产品市场竞争效应，那么企业 i 选择 IPO 融资的充分必要条件为：初始资本禀赋（K_0）小于有效资本需求（K_i^e），且融资支持的技术创新所带来的效率提升大于 IPO 融资成本 B。根据式（4.6）和式（4.7）中 K_i^e 的表达式可以推出，$K_0 < K_i^e$ 等价于

$$A_i^{T_2} > \frac{cK_0^{1-\gamma}}{\gamma(m_i^{T_2})^{1-\gamma}} \equiv \bar{A}_i \tag{4.9}$$

不失一般性，假设企业 1 的技术生产率 A_1 高于临界值 $\bar{A}_1$，而企业 2 的技术生产率 A_2 低于临界值 $\bar{A}_2$。

以上假设意味着：在 T_2 时刻不发生技术创新的情况下，两企业的资本禀赋都能够支持企业在最优的投资规模下运营；而在 T_2 时刻发生技术创新的情况下，企业 2 的资本禀赋仍然足以支持企业 2 在技术创新后的最优投资规模运营，而企业 1 却必须通过 IPO 融资才能获得足够的技术创新后的运营资本。最后，为了使模型有意义，假设 IPO 融资成本 B 不是太大，使得在技术创新发生的情况下，即

使 IPO 不带来促进产品市场竞争的效应，企业 1 依然会选择通过 IPO 为技术创新融资。

综上所述，按照上述模型的设定，在 IPO 不带来产品市场竞争效应（即 IPO 不能够增强企业夺取市场份额的能力，无论有无 IPO，总有 $s_i^{t+1}=0$）的情况下：若行业技术创新不发生，那么均衡结果是两企业都不上市；若行业发生技术创新，那么均衡结果是企业 1 进行 IPO，而企业 2 保持私有；企业 1 进行 IPO 的动机是为技术创新项目融资，由于 IPO 不带来产品市场竞争效应，企业 1 没有额外动机提前上市，所以企业 1 的 IPO 只可能发生在 T_2 时刻。

2. 考虑产品市场竞争效应时技术创新企业的均衡决策

在本节分析中，我们假设 IPO 不仅能够为技术创新项目提供资本，而且能够帮助 IPO 企业夺取竞争对手的市场份额，即 IPO 行为有产品市场竞争效应。在行业不发生技术创新的情况下，企业进行 IPO 上市的利益完全在于 IPO 有助于提高企业的产品市场份额。因此我们进一步假设，IPO 的融资成本 B 大于 IPO 的产品市场竞争收益，即在行业不发生技术创新的情况下，两企业都不会因为产品市场竞争效应而开展 IPO。

在 T_1 时刻，两企业基于共同的未来发生技术创新的概率 $p>0$ 进行是否 IPO 的决策。由于本章不考虑信息溢出效应，因此我们假设两企业的技术创新完全相关，即在概率 p 下，两企业于 T_2 时刻同时开展技术创新来提高企业的技术生产率，在概率 $1-p$ 下，技术创新不会发生。实际是否发生技术创新在 T_2 时刻实现。

与不考虑产品市场竞争效应时技术创新企业的均衡决策结果不同，在考虑产品市场竞争效应的模型中，企业 1 选择 IPO 上市的动机有两个：除了可以在发生技术创新时为最优投资规模募集资本外，还可以提高产品市场的竞争力，夺取竞争对手的市场份额。在了解企业 1 有可能通过 IPO 上市的情况下，即使企业 2 在技术创新发生的情况下也不需要额外融资（参考不考虑产品市场竞争效应时技术创新企业的均衡决策假设），企业 2 也具有了寻求 IPO 的可能。因为如果不上市，那么企业 2 会置身于更恶劣的产品市场竞争环境，失去原有的市场份额。企业 2 有可能选择 IPO 上市，则给了博弈对手企业 1 更多的动机在 T_1 时刻（技术创新实现之前）选择 IPO 上市，因为在预期 T_2 时刻发生技术创新需要融资的背景下，提前上市可以带来两轮产品市场竞争的好处。当然，要获得上述 IPO 带来的好处，两企业都必须付出固定的融资成本 B。

两企业对提前（在 T_1 时刻）进行 IPO 还是不提前（在 T_2 时刻）进行 IPO 的利弊权衡如下：提前进行 IPO 的利益在于可以在两轮产品市场竞争中夺取竞争对

手的市场份额（或减少市场份额被竞争对手夺取的损失）；提前进行 IPO 的弊端则在于倘若 T_2 时刻没有发生技术创新，那么没有 IPO 会是更好的选择，也不必花费融资成本 B。对于企业 1 而言，相比于企业 2，提前进行 IPO 的利益通常会更大一些，因为企业 1 具有更多的 IPO 动机（融资需要与产品市场竞争），而企业 2 的 IPO 动机没有企业 1 多（只有产品市场竞争）；而成本方面，企业 1 与企业 2 面临的 IPO 融资成本是相同的。因此，与不考虑产品市场竞争效应时技术创新企业的均衡决策不同，在产品市场竞争效应下，两企业都有可能在技术创新实现之前提前进行 IPO。

按照两企业 IPO 与否以及 IPO 时机选择的不同，本章模型共存在 5 种精炼贝叶斯均衡（perfect bayesian equilibrium），分述如下：

均衡 1：两企业均选择在 T_1 时刻提前进行 IPO。当技术创新将生产率提高的幅度不太小（$A_1 - A_2 < \Delta A \leqslant \Delta A_L$）、技术创新发生的概率较大、IPO 融资成本较低，以及两企业当前的技术生产率较高时，两企业会在技术创新实现之前提前进行 IPO，从而出现均衡 1。均衡 1 出现的原因为：若两企业当前的技术生产率较高（接近于融资临界值 $\bar{A}_i$），那么技术创新发生的概率较大并且幅度不太小时，企业自有资本禀赋就很容易出现不足，使得企业 1 具有较强的 IPO 融资动机。企业 2 了解到企业 1 必然会进行 IPO，若企业 2 不进行 IPO，那么在产品市场竞争中企业 2 至少会有 1 轮竞争会被企业 1 夺走市场份额。市场份额的利益取决于企业当前的技术生产率水平。因此，当企业 2 当前的技术生产率水平也比较高时，丢失市场份额造成的潜在损失会超过 IPO 的融资成本，在这种情况下企业 2 也会选择进行 IPO。考虑到企业 2 的这一策略，企业 1 提前进行 IPO 的动机会得到加强。企业 1 在 T_1 时刻提前进行 IPO 的成本在于 T_2 时刻若没有发生技术创新，那么提前 IPO 就付出了无谓的融资成本。因此，当 IPO 融资成本显著小于 IPO 后预期收益（融资的利益以及两轮产品市场竞争的利益），并且企业 1 考虑到企业 2 也会进行 IPO 时，企业 1 就会在技术创新发生之前提前进行 IPO 上市。考虑到企业 1 的这一策略，企业 2 也会选择在 T_1 时刻提前进行 IPO，从而不至于在产品市场竞争上处于被动。由此，两企业均选择在 T_1 时刻提前进行 IPO，没有选择其他策略的理由，从而形成均衡 1。

均衡 2：两企业均不在 T_1 时刻提前进行 IPO，而是在 T_2 时刻技术创新发生的情况下一起 IPO。均衡 3：企业 1 选择在 T_1 时刻提前进行 IPO，而企业 2 仅仅在 T_2 时刻技术创新发生的情况下进行 IPO。均衡 2 与均衡 3 的共同特点是只在 T_2 时刻技术创新发生的情况下两企业同时上市。当技术创新将生产率提高的幅度较大（$\Delta A > \Delta A_L$）时，除了有可能出现均衡 1 的结果外，也有可能出现均衡 2 与均衡 3 的结果。若企业 1 当前的市场份额不是太小（$m \geqslant (2 + s - \sqrt{s^2 + 4})/(2s)$），并且两企业当前的生产率水平较低时，两企业在 T_1 时刻都不会进行 IPO，而是会等到 T_2 时刻明确技术创新实现时才会一起进行 IPO，从而出现均衡 2。若企业 1 当前的市场份额较小（$m<(2+s-\sqrt{s^2+4})/(2s)$），且企业 1 当前的生产率水平较高而企业 2 的生产率水平较低时，企业 1 会在 T_1 时刻提前进行 IPO，企业 2 只会在 T_2 时刻技术创新实现的情况下进行 IPO，从而出现均衡 3。

企业 1 的市场份额比较小（$m<(2+s-\sqrt{s^2+4})/(2s)$）的情况下会出现均衡 3 而不是均衡 2 的原因如下。由式（4.4）可知，企业通过产品市场竞争可以从竞争对手处夺取到的市场份额取决于两个因素：其一是竞争对手现有的市场份额（$1-m_i$），其二是企业自身夺取市场份额的能力 s_i，根据式（4.5），s_i 也取决于企业现有的市场份额 m_i。当企业 1 的市场份额比企业 2 小得多时，企业 1 在行业中规模小也无足轻重，尽管企业 2 在进行 IPO 之后可以具有较大的夺取市场份额的能力，但由于企业 2 已经掌握了很大的市场份额，进一步夺取市场份额的利益也就不那么大。因此，在这种情况下，企业 2 不要提前进行 IPO 是比较理智的，当企业 1 在 T_1 时刻提前进行 IPO 夺取了一定的市场份额之后，在 T_2 时刻技术创新确定发生的情况下，企业 2 再进行 IPO 开展产品市场竞争是更优的策略。因此在企业 1 当前市场份额很小时，企业 1 提前进行 IPO 的情况下，企业 2 不提前进行 IPO 的动机比较大。

如果企业 1 当前的市场份额不是太小（$m\geqslant(2+s-\sqrt{s^2+4})/(2s)$），并且技术创新提高生产率的幅度 ΔA 介于 ΔA_L 与 ΔA_H 之间时，会使得企业 2 在 T_2 时刻明确技术创新已实现的情况下再进行 IPO 的利益大于企业 1 不提前进行 IPO 情况下的成本，但小于企业 1 提前进行 IPO 情况下的成本，这时企业 2 就不会提前进行 IPO，而企业 1 在了解企业 2 的这一策略后也不会提前进行 IPO。此种情况下就会出现均衡 2 而不是均衡 3。

均衡 4：企业 1 在 T_2 时刻明确技术创新实现的情况下进行 IPO，而企业 2 从始至终不选择 IPO。均衡 5：企业 1 在 T_1 时刻提前进行 IPO，而企业 2 自始至终不选择 IPO。当技术创新提高生产率的幅度不太大（$\Delta A<\Delta A_H$）时，均衡 4 和均衡 5 都具有出现的可能。当技术创新发生的概率较低、企业 1 当前市场份额较小（$m<(2+s-\sqrt{s^2+4})/(2s)$）、企业 1 当前技术生产率较低、IPO 融资成本较高时，企业 1 不会提前 IPO，而是会等到 T_2 时刻明确技术创新实现的情况下才会进行 IPO，而企业 2 自始至终都不进行 IPO，出现均衡 4。当技术创新发生概率较高、企业 1 当前市场份额不太小（$m\geqslant(2+s-\sqrt{s^2+4})/(2s)$）、企业 1 当前技术生产率较高、IPO 融资成本较低时，企业 1 会在技术创新实现之前提前（在 T_1 时刻）进行 IPO，而企业 2 自始至终都不进行 IPO，出现均衡 5。

均衡 4 和均衡 5 的结果中，企业 2 会始终选择不进行 IPO，是因为通过 IPO 上市从而获得产品市场竞争能力所带来的利益较小，不足以弥补 IPO 的融资成本。即使技术创新的发生可以提高企业 2 的技术生产率，但在技术创新提高技术生产率的幅度不太大（$\Delta A<\Delta A_H$）的情况下，企业 2 进行 IPO 的动机会比较小，这是均衡 4 与均衡 5 的共同点。均衡 4 与均衡 5 的区别只在于企业 1 进行 IPO 的时机。当 IPO 融资成本较大且企业 1 当前的技术生产率较低时，会出现均衡 4 的结果；当 IPO 融资成本不太大且企业 1 当前的技术生产率较高时，会出现均衡 5 的结果。与均衡 2 与均衡 3 的情况类似，企业 1 当前的市场份额也会影响均衡结果。企业 1 当前市场份额较小时会出现均衡 4；企业 1 当前市场份额不太小时则会出现均衡 5。

本节产品市场竞争模型中有可能出现的 5 种 IPO 决策均衡结果及其出现的前提条件见表 4－3。

表 4－3　产品市场竞争模型中的 IPO 决策均衡结果

技术创新提高生产率的幅度	企业 1 的市场份额大小			
	小	中	大	很大
	$m\leqslant\frac{2+s-\sqrt{s^2+4}}{2s}$	$\frac{2+s-\sqrt{s^2+4}}{2s}<m<\frac{1}{2}$	$\frac{1}{2}\leqslant m<\frac{s-2+\sqrt{s^2+4}}{2s}$	$m\geqslant\frac{s-2+\sqrt{s^2+4}}{2s}$
很大 $\Delta A\geqslant\Delta A_H$	均衡 1、2、3	均衡 1、2、3	均衡 1、2、3	均衡 1、2、3
大 $\Delta A_L\leqslant\Delta A<\Delta A_H$	均衡 1、3、4	均衡 1、2、5	均衡 1、2、5	均衡 1、2、5
中 $A_1-A_2<\Delta A<\Delta A_L$	均衡 1、4、5	均衡 1、4、5	均衡 1、4、5	均衡 1、4、5
小 $\Delta A\leqslant A_1-A_2$	均衡 4、5	均衡 4、5	均衡 4、5	均衡 4、5

均衡 1：两企业均选择在 T_1 时刻提前进行 IPO。
均衡 2：两企业均不选择提前 IPO，只有在 T_2 时刻技术创新实现的情况下，两企业才均选择进行 IPO。
均衡 3：企业 1 选择在 T_1 时刻提前进行 IPO，企业 2 只在 T_2 时刻技术创新实现的情况下才进行 IPO。
均衡 4：企业 1 在 T_2 时刻技术创新实现的情况下才进行 IPO，企业 2 自始至终不进行 IPO。
均衡 5：企业 1 在 T_1 时刻提前进行 IPO，企业 2 自始至终不进行 IPO。

4.3.4 待检验假说的推导

从均衡 1 ~5 可以看出，在各种情形与均衡结果下，生产率水平较低的企业 2 从不会单独选择 IPO 上市，而是要么与企业 1 同时进行 IPO（均衡 1 与均衡 2），要么在企业 1 进行 IPO 之后进行 IPO（均衡 3）。这意味着通常来说，单独 IPO 上市的企业是技术生产率较高的企业，而在热销市场期间同时进行 IPO 的多个企业则既会有高技术生产率企业，也会有低技术生产率企业。这背后的原因是：高技术生产率的企业，其有效运营的资本需求通常较大，IPO 除了可以增进其产品市场竞争力外，更重要的是能够为技术创新项目提供融资，因此这类企业开展 IPO 的动机总是比低技术生产率企业更强；低技术生产率企业则由于有效资本需求不大，在技术创新发生的情况下也经常不需要融资，因此 IPO 动机总是更少。因此，我们可以得出假说 4.2。

假说 4.2：平均而言，在热销期间进行 IPO 的企业的技术生产率会低于非热销期间进行 IPO 的企业的技术生产率。

由于高技术生产率企业在其他条件相同的情况下经营绩效会高于低技术生产率企业，因此，由上述分析与假设 4.2 可以得出假说 4.3。

假说 4.3：热销期间进行 IPO 的企业其 IPO 后的经营绩效平均来看将低于非热销期间进行 IPO 的企业。

在模型可能出现的各种均衡结果中，企业 1 先进行 IPO，企业 2 在技术创新实现的情况下后进行 IPO 也是一种可能（均衡 3）。但模型不可能出现相反的均衡结果，即企业 2 提前进行 IPO，企业 1 在技术创新实现的情况下后进行 IPO，这种情况不会出现。这一结果意味着，如果高技术生产率企业（企业 1）与低技术生产率企业（企业 2）不是同时进行 IPO，那么进行 IPO 的顺序总会是高技术生产率企业在先，低技术生产率企业在后。在其他条件相同的情况下，高技术生产率的企业的经营绩效高于低技术生产率企业，因此我们可以推出假说 4.4 与假说 4.5。

假说 4.4：在热销期间内进行 IPO 的各企业中，先进行 IPO 的企业是高技术生产率企业，后进行 IPO 的企业是低技术生产率企业。

假说 4.5：在热销期间内进行 IPO 的各企业中，先进行 IPO 的企业在 IPO 后的经营绩效将高于后进行 IPO 的企业。

由于高技术生产率的企业有效运营资本较高，在技术创新实现的情况下往往需要融入更多的资本开展技术创新项目。因此高技术生产率企业（企业 1）IPO 融入资金后，资金将主要用于开展技术创新。而低技术生产率企业（企业 2）所需要的有效资本较低，在模型中，其自有资本禀赋足以支付技术创新所需资本，进行 IPO 的主要动机是由于产品市场竞争方面的考虑。因此低技术生产率企业（企业 2）IPO 融入资金后，资金将主要留作现金。由此我们可以推出假说 4.6 与假说 4.7。

假说 4.6：在融入资本（及其他条件）相同的情况下，平均而言，在热销期间进行 IPO 的企业在融资后持有现金较多，在非热销期间进行 IPO 的企业在融资后持有现金较少。

假说 4.7：在热销期间内进行 IPO 的各企业中，先进行 IPO 的企业在融资后持有现金会比较少，后进行 IPO 的企业在融资后持有现金会比较多。

4.4 产品市场竞争效应模型的实证检验

本节将采用中国的实际数据来检验 4.3 节的模型推论是否成立。具体而言，本节将从技术生产率和现金持有量两个方面来检验上文理论推导得出的假说 4.2、假说 4.4、假说 4.6 和假说 4.7，而将经营绩效方面的假设检验放在第 6 章中讨论。

4.4.1 变量定义与数据来源

本节实证研究对假说进行检验所需要的关键变量包括：IPO 招股时间及由此定义出的热销期间、IPO 企业的技术生产率、IPO 企业在 IPO 之前与之后所持有的现金以及 IPO 融资额等。

首先根据各企业 IPO 的招股时间来界定 IPO 的热销期间。IPO 招股时间数据来自于国泰安（gtarsc. com）提供的“中国上市公司首次公开发行研究数据库”。按照 IPO 招股时间的先后将 IPO 数量分组汇总，结果见表 4 -4。

根据表 4 -4 的结果，本节人为识别出两个 IPO 热销期间，在表 4 -4 的第 3 列和第 6 列以“热销期”字样表示。热销期间的定义兼顾了以下几点：第一，热销期间的 IPO 企业数大于非热销期间的 IPO 企业数；第二，热销期间具有一定的持续性，不会很快结束；第三，热销期间不会太长，期间不超过 2 年时间；第四，保证样本中热销期间所占比例适中，既不太多，也不太少。由此，在 2006 年 12 月至 2012 年 10 月的样本区间中，本节识别出两个热销期间：其一是 2007 年 7 月至 2008 年 1 月，跨度为 7 个月；其二是 2009 年 12 月至 2011 年 2 月，跨度为 15 个月。热销期的时间占样本的总时间的比例只有 35%，热销期间的 IPO 企业数占样本的总 IPO 企业数的比例则为 51%。

表 4－4　　　　历年月度我国 IPO 企业的数量与热销期间的定义

年月	IPO 企业数	热销期间	年月	IPO 企业数	热销期间
2006－12	4		2010－04	15	热销期 2
2007－01	10		2010－05	27	热销期 2
2007－02	8		2010－06	17	热销期 2
2007－03	5		2010－07	15	热销期 2
2007－04	10		2010－08	14	热销期 2
2007－05	4		2010－09	17	热销期 2
2007－06	2		2010－10	14	热销期 2
2007－07	17	热销期 1	2010－11	22	热销期 2
2007－08	11	热销期 1	2010－12	21	热销期 2
2007－09	11	热销期 1	2011－01	15	热销期 2
2007－10	7	热销期 1	2011－02	18	热销期 2
2007－11	15	热销期 1	2011－03	12	
2007－12	10	热销期 1	2011－04	11	
2008－01	16	热销期 1	2011－05	12	
2008－02	5		2011－06	14	
2008－03	1		2011－07	11	
2008－04	12		2011－08	11	
2008－05	15		2011－09	12	
2008－06	10		2011－10	10	
2008－07	10		2011－11	13	
2008－08	4		2011－12	12	
2008－09	3		2012－01	3	
2009－06	1		2012－02	10	
2009－07	6		2012－03	11	
2009－08	14		2012－04	11	
2009－09	8		2012－05	14	
2009－10	7		2012－06	4	
2009－11	12		2012－07	11	
2009－12	21	热销期 2	2012－08	7	
2010－01	28	热销期 2	2012－09	6	
2010－02	11	热销期 2	2012－10	1	
2010－03	26	热销期 2			

接下来讨论 IPO 企业的技术生产率。假设企业的生产函数符合柯布—道格拉斯（Cobb - Douglas）形式，即

$$Y = AK^{\alpha}L^{1-\alpha} \tag{4.10}$$

其中 Y 表示产出量，A 表示技术生产率，K 表示资产，L 表示劳动，α 表示资本的生产/分配份额。若用价值量来衡量 Y、K、L，则 Y 可以用企业的销售额来测量，K 可以用企业的总资产来测量，L 可以用企业的营业成本（原料成本 + 工资）来测量。三个变量的数据均来自于国泰安（gtarsc. com）提供的“中国上市公司首次公开发行研究数据库”，其中销售额 Y 和营业成本 L 来自于“招股前利润表”，总资产 K 来自于“招股前资产负债表”。对式（4.10）两边取对数，可以得到

$$\log(Y) = \log(A) + \alpha\log(K) + (1-\alpha)\log(L) \tag{4.11}$$

其中 A 是本章研究需要的技术生产率变量，α 是未知参数。可以利用企业可观测的数据 Y、K、L，通过无截距线性回归（linear regression without constant）方法从式（4.11）估计出参数 α 的值，回归残差即为每个企业的 $\log(A)$，取自然指数就可得到技术创新生产率 A。我们将在下一节对式（4.11）的估计结果与各企业的技术生产率 A 的估计值进行统计描述。

最后三个关键变量的数据都从国泰安（gtarsc. com）直接可得。IPO 前现金持有量来自于“中国上市公司首次公开发行研究数据库”中“招股前资产负债表”的“货币资金”字段；IPO 后现金持有量来自于“CSMAR 中国上市公司财务报表数据库”中“资产负债表”的“货币资金”字段；IPO 融资额来自于“中国上市公司首次公开发行研究数据库”中“招股及上市基本情况表”的“实际募集资金净额”字段。

4.4.2 数据的统计描述

从数据库中查询得出的符合条件的样本企业的原始数据的统计描述见表 4 - 5。

表 4 - 5　　产品市场竞争效应实证研究原始数据的统计描述

变量	单位	观测数	最小值	均值	最大值	标准差
销售额 Y	万元	715	6 267	448 100	68 900 000	3 108 173
总资产 K	万元	715	10 480	583 600	81 510 000	3 848 270

续表

变量	单位	观测数	最小值	均值	最大值	标准差
营业成本 L	万元	715	3 956	397 500	49 800 000	2 517 640
IPO 前现金 $C0$	万元	715	663	101 900	7 074 000	496 754
IPO 后现金 $C1$	万元	715	4 893	219 700	8 859 000	804 822
IPO 融资额 P	万元	715	2 971	150 900	6 624 000	465 376

从表 4 – 5 可以看出，平均而言，各 IPO 企业的销售额（448 100 万元）大于营业成本（397 500 万元），IPO 前现金持有量（101 900 万元）小于 IPO 后现金持有量（219 700 万元）。

使用各企业的 Y、K、L 数据对式（4. 11）进行无截距线性回归后拟合的回归方程为

$$\log(Y_i) = 0.1403\log(K_i) + 0.8665\log(L_i) + \log(A_i) \tag{4.12}$$

其拟合优度为 $R^2 = 0.99$，F 统计量 $F_{2\ 713} = 1.476e+07$ 高度显著（p 值为 $2.2e-16$）。对式（4. 12）的回归结果的残差取自然指数可以得到各企业的技术生产率 A_i，其统计描述见表 4 – 6。

表 4 – 6　　IPO 企业 IPO 前技术生产率的统计描述

分组	观测数	最小值	Q1	均值	Q3	最大值	标准差
全部样本	715	0. 5974	0. 9497	1. 0080	1. 0450	1. 9180	0. 1094
非热销期	347	0. 6308	0. 9522	1. 0194	1. 0515	1. 9183	0. 1299
热销期 1	87	0. 5974	0. 9414	0. 9888	1. 0306	1. 2043	0. 0851
热销期 2	281	0. 8175	0. 9493	0. 9991	1. 0371	1. 5083	0. 0843

从表 4 – 6 可以看出，在非热销期进行 IPO 的企业的技术生产率在 1/4 分位数（Q1）、均值、3/4 分位数、最大值等方面均高于在热销期进行 IPO 企业的技术生产率，对假说 4. 2 提供了证据支持。

对于另两个核心变量 IPO 前后的现金持有量，按照热销期进行分组，更详细的统计描述见表 4 – 7。

表 4－7　IPO 企业 IPO 前后现金持有量的统计描述

分组	观测数	IPO 前现金持有量 C0		IPO 后现金持有量 C1	
		均值	标准差	均值	标准差
全部样本	715	1 019 218 552	4 967 543 822	2 197 325 652	8 048 220 784
非热销期	347	1 124 111 841	4 691 083 785	2 278 355 330	8 636 142 314
热销期 1	87	1 668 763 887	7 119 961 967	3 767 899 705	13 347 710 905
热销期 2	281	688 583 620	4 461 714 924	1 611 000 952	4 143 614 017

从表 4－7 看到，在热销期 1 进行 IPO 的企业其 IPO 前后现金持有量都比较高，而在热销期 2 进行 IPO 的企业其 IPO 前后现金持有量都比较低，在非热销期进行 IPO 的企业其 IPO 现金持有量居中，接近总体样本均值。这一现象并不支持假说 4.6，所以，在考虑企业 IPO 前后现金持有量时，只看其绝对数值恐怕是不够的，更应该考虑现金持有量的变化比例。

$$\Delta C \triangleq \frac{C1 - C0}{C0} \times 100\% \tag{4.13}$$

并将融资额占 IPO 前现金持有量的比例

$$\Delta P \triangleq \frac{P - C0}{C0} \times 100\% \tag{4.14}$$

予以控制。变量 ΔC 与 ΔP 的统计描述见表 4－8。

表 4－8　IPO 企业现金持有量变化比例与融资比例的统计描述

分组	观测数	IPO 前后现金变化比例 ΔC		IPO 融资额占现金比例 ΔP	
		均值	标准差	均值	标准差
全部样本	715	570.7692	709.7536	649.3294	842.8703
非热销期	347	463.0727	585.9006	524.5093	667.2735
热销期 1	87	355.2512	327.8381	369.7360	360.7887
热销期 2	281	770.4873	870.9309	890.0312	1 058.1441

4.4.3　实证检验

首先对假说 4.2 进行实证检验。假说 4.2 指出，在热销期间进行 IPO 的企业的技术生产率会低于非热销期间进行 IPO 的企业的技术生产率。为检验这一假说，可以选 IPO 企业的技术生产率作为被解释变量，选热销期虚拟变量作为解释

变量，进行回归分析。回归分析的结果为

$$A_i = \underset{(0.0058)^{***}}{1.0194} - \underset{(0.0081)^{**}}{0.0228} Hot_i + \varepsilon_i \tag{4.15}$$

其中 Hot_i 为热销期虚拟变量（热销期 =1，非热销期 =0），回归系数下方括号内的数字是标准误，*** 代表在 0.001 显著性水平下显著，** 代表在 0.01 显著性水平下显著。回归模型的拟合优度为 $R^2 = 0.0108$，F 统计量为 $F_{1\ 713} = 7.0815$，p 值为 $p = 0.0053$，回归模型显著。

从 Hot_i 的系数为负并且统计显著可知，在热销期进行 IPO 的企业的技术生产率平均比在非热销期进行 IPO 的企业的技术生产率低 0.0228，假说 4.2 成立。

接下来，对假说 4.4 进行实证检验。假说 4.4 指出，在热销期间内进行 IPO 的各企业中，先进行 IPO 的企业是高技术生产率企业，后进行 IPO 的企业是低技术生产率企业。为检验这一假说，以在热销期间进行 IPO 的企业为样本，以技术生产率为被解释变量，以 IPO 企业在热销期间内进行 IPO 招股的先后顺序的百分位数 $RankP_i$ 为解释变量，进行回归分析。$RankP_i$ 的定义为

$$RankP_i = \frac{Rank_i - 1}{TotalNum_i - 1} \tag{4.16}$$

其中 $Rank_i$ 为企业 i 在所在的热销期间的 IPO 排序数，$TotalNum_i$ 为企业 i 所在的热销期间的 IPO 总数。回归分析的结果为

$$A_i = \underset{(0.0087)^{***}}{1.0089} - \underset{(0.0151)}{0.0247} RankP_i + \varepsilon_i \tag{4.17}$$

其中回归系数下方括号内的数字是标准误，*** 代表在 0.001 显著性水平下显著。回归模型的拟合优度为 $R^2 = 0.0072$，F 统计量为 $F_{1\ 366} = 2.667$，p 值为 $p = 0.1033$，回归模型统计不显著。

从 $RankP_i$ 的系数为负但统计不显著可知，在热销期间内进行 IPO 的各企业中，IPO 越早（$RankP_i$ 越小），技术生产率就越高，符合假说 4.4，但经验证据并不足够充分，原因可能在于本研究的样本数不够大，并且缺少额外的控制变量。

第三个待检验的假说是假说 4.6。假说 4.6 认为，在融入资本相同的情况下，平均而言，热销期间进行 IPO 的企业融资后持有现金较多，非热销期间进行 IPO 的企业融资后持有现金较少。为检验这一假说，可以选 IPO 前后现金持有量变化比例 ΔC 作为被解释变量，选热销期虚拟变量 Hot_i 作为解释变量，选融资额占 IPO 前现金持有比例 ΔP 作为控制变量，进行回归分析。回归分析的结果为

$$\Delta C_i = \underset{(13.8091)^{***}}{47.1615} + \underset{(17.8143)}{16.9425} Hot_i + \underset{(0.0106)^{***}}{0.7930} \Delta P_i + \varepsilon_i \tag{4.18}$$

回归模型的拟合优度为 $R^2 = 0.8901$，F 统计量为 $F_{2\ 712} = 2\ 884$，p 值为 $p = 2.2e-16$，回归模型显著。

Hot_i 的回归系数为正但统计不显著，说明在热销期间进行 IPO 的企业在 IPO 之后现金持有较多，比在非热销期间进行 IPO 的企业高出约 17%，虽然统计不显著，但经济意义上非常显著。这一发现与假说 4.6 一致，对其提供了证据支持。

最后检验假说 4.7。假说 4.7 认为，在热销期间内进行 IPO 的各企业中，先进行 IPO 的企业融资后持有现金会比较少，后进行 IPO 的企业在融资后持有现金会比较多。为检验这一假说，与检验假说 4.4 类似，以在热销期间进行 IPO 的企业为样本，以 IPO 前后现金持有量变化比例 ΔC 作为被解释变量，以 IPO 企业在热销期间内进行 IPO 招股的先后顺序的百分位数 $RankP_i$ 为解释变量，以融资额占 IPO 前现金持有比例 ΔP 为控制变量，进行回归分析。回归分析的结果为

$$\Delta C = \underset{(29.1864)^{**}}{76.7827} - \underset{(47.8888)}{1.8473} RankP_i + \underset{(0.0144)^{***}}{0.7776} \Delta P \tag{4.19}$$

回归模型的拟合优度为 $R^2 = 0.889$，F 统计量为 $F_{2\ 365} = 1\ 461$，p 值为 $p = 2.2e-16$，回归模型显著。

$RankP_i$ 的回归系数为正但统计不显著，说明在热销期间内进行 IPO 的各企业在 IPO 之后现金持有互有高低（标准误高达 47.8888），但总体来说 IPO 越早的企业融资后持有现金越少，与假说 4.7 一致。虽然假说 4.7 并没有显著得到支持，但仍然具有一定的经验证据支持。

4.5 本章小结

本章首先基于实际数据验证了我国市场上存在的企业 IPO 行为有助于提高其市场份额的现象，并将此现象称为产品市场竞争效应。以产品市场竞争效应的存在为出发点，本章接下来通过数理模型探讨了技术创新企业 IPO 融资的决策机制与相应推导得出的行为特点，并根据我国的实际数据对理论模型进行了实证检验。

若不存在产品市场竞争效应，则低技术生产率企业由于最优资本需求较少，因此即使出现技术创新，也不需要进行 IPO 融资，而高技术生产率企业只会在技术创新发生的情况下才进行 IPO 融资，并且只是按需融资，没提前融资的动机。但若将产品市场竞争效应考虑进来，则 IPO 不仅具有融资功能，而且会具有战略竞争上的作用。在存在产品市场竞争效应的情况下，低技术生产率企业开始具有 IPO 融资的动机，因为 IPO 既有助于其夺取市场份额，也有助于其减少市场份额被夺取。在预期高技术生产率企业会进行 IPO 的情况下，低技术生产率企业出于保护自己市场份额的考虑也会选择 IPO 上市。另外，在存在产品市场竞争效应的情况下，高技术生产率企业开始具有提前 IPO 融资的动机，因为当预期技术创新

发生的概率较大时，提前 IPO 可以更早地开始夺取市场份额。同样，出于防守需要，低技术创新企业也同样具有了提前 IPO 的动机。当企业在技术创新出现之前提前 IPO 或者原本不需要融资的低技术生产率企业也进行 IPO 的时候，IPO 市场处于热销状态，即可以观察到大量企业集中上市。

根据数理模型的推导，本章得出的推论认为：非热销期间 IPO 企业的技术生产率较高，IPO 后持有的现金也较少，而热销期间 IPO 企业的技术生产率平均较低，IPO 后持有的现金也较多；热销期间内先进行 IPO 的企业技术生产率较高，IPO 后持有现金也较少，而后进行 IPO 的企业则技术生产率较低，IPO 后持有现金也较多。

通过分析我国 IPO 市场的实际数据，上述理论推论都能够得到实证，说明我国 IPO 市场存在着产品市场竞争效应的影响。

第5章

行业技术变革风险与技术创新企业的 IPO 决策

中国通信运营商老大——中国移动所公布的2013年年报显示，其净利润相比上年下滑了5.9%。随后，该公司2014年一季度报再传颓势，净利润同比下滑了9.4%。14年来中移动首次出现净利润下滑，且在今年将继续保持下行趋势，降幅将超过2013年。有媒体预测，对于中移动来说，最坏的时候还没到来，2014年和2015年将是中移动最为困难的两年。对于2013年的净利润下滑，中国移动承认，传统语音通话已受到微信等通信软件的冲击。目前，中移动拥有超过7亿的用户，而腾讯QQ活跃用户数达7亿，微信用户数达3亿。微信的崛起对中国移动传统业务的打击是致命的，微信用户正在超越中移动用户已经成为不争的事实，动摇了这赖以生存的根基，中移动不用多久就可能沦为互联网企业走秀的陪衬。

微信与中国移动之间的竞争，体现的正是技术创新企业中最为典型的行业技术变革风险。从2003~2013年的黄金10年中，移动通信运营商错过了投资互联网和移动互联网、从业务运营商向投资集团转型的宝贵时间窗口，而现在，这一话语权已经转移到以BAT（B指百度、A指阿里、T指腾讯）为代表的互联网企业手中，而BAT——尤其是阿里和腾讯对产业链的并购已经基本掌控大势，运营商已无明显机会。

对于企业而言，技术创新活动是一项充满未知和不确定性的活动，其不确定性主要表现在两个方面：第一，技术创新活动本身并不一定能够取得成功，称为行业有可能不可行；第二，技术创新活动本身即使成功，也有可能被更新产生的革命性新技术所取代，称为行业技术变革。这是技术创新活动不确定性的一个根本特点。正如上面中移动案例中所看到的，虽然中移动一直致力于企业的技术创新，但当面临大的行业变革时，其技术路线选择的错误将在错过宝贵机会之后无力回天。

本章将讨论行业技术变革风险的存在对于企业的IPO决策意味着什么，以及它如何影响企业的融资选择。本章首先对行业技术变革提供一些具体的实例并探讨其带来的机遇和挑战，然后描述我国目前各行业技术变革风险的大小，接下来通过建立数理模型来研究在行业技术变革风险存在的前提下，企业的 IPO 融资决策将会受到哪些因素影响以及如何影响，最后对理论假说采用中国的实际数据进行了实证检验。

5.1 行业技术变革对技术创新企业的影响

行业技术变革指的是生产过程的改变或新产品的引入，使得旧技术完全被淘汰，新的变革技术创造出巨大的新的潜在市场的现象。不同行业的技术变革强度并不相同，如农业或采掘业在最近几十年几乎没有发生过变革，而计算机、通信、信息行业却时常经历着变革。行业技术变革对于行业中的企业而言既创造着潜在的机会，也带来激烈的挑战。

行业技术变革的一个古老而经典的例子就是西方的第一次工业革命，企业生产方式从工场手工业变革为机器大工业。纺织机、蒸汽机的出现和采用根本上改变了企业的生产方式和组织形式，机器替代了手工劳动，依附于落后生产方式的自耕农消失，取而代之的是广泛分工的工人阶层。第二次工业革命也称为电气革命，以电力的大规模应用为代表，发展出发电机、发动机、新能源、无线通信以及石油化工等新产业和行业，动摇和淘汰了旧有的蒸汽机生产方式。第三次工业革命是继蒸汽技术革命和电力技术革命之后科技领域的又一次重大飞跃，以原子能、电子计算机、互联网和空间技术的广泛应用为标志。这次革命不仅极大推动了人类社会经济、新材料技术、生物技术、空间技术、海洋技术等诸多领域的信息控制技术革命，而且影响了人类的生活方式和思维方式。

距离我们生活更近的计算机与信息技术领域，近几年所发生的技术变革更为人们所熟知。IBM PC、Intel CPU 与微软的联合，曾经创造了一个迅速增长的个人计算机市场，而这一情形目前正在被以 Apple 和 Google 为代表的移动通信设备所取代。曾经辉煌一时的诺基亚公司在短短几年之内迅速衰落，微软的实力和市场也大不如前，PC 行业正在不断萎缩，传统的 Windows 平台软件产业正在迅速被 iOS 平台和 Android 平台的 App 软件所取代；传统的社交方式和购物方式也正在迅速被微信、微博、在线购物和快递物流所颠覆。

这样的例子枚不胜数。互联网时代，各行各业只存在技术变革强度大小的不同，而不可能不存在变革的可能性，即任何行业的任何企业都面临着或大或小的行业技术变革风险。而行业技术变革不仅给企业发展带来了无限的机遇，也让传统企业面临着巨大的挑战。

5.1.1 行业技术变革带来的机遇

行业技术变革的发生为技术创新企业提供了前所未有的机遇。变革发生时，旧的结构和秩序被打破，新的市场被创造，及时捕捉动向掌握最新技术的企业将能够获得迅速的成长和发展，在市场竞争中取得自己的一席之地。

三星就是行业技术变革中把握机遇迅速崛起的典型案例。在前智能手机时代，三星虽然也是比较大的移动电话生产商，但规模和实力从来没有如今这样强大。在苹果手机（Apple iPhone）推动的智能手机变革中，三星及时采用了变革后的新技术，依靠Android平台大力发展智能手机，迅速成为仅次于苹果公司的世界第二大智能手机生产商。

阿里巴巴和天弘基金联合推出的余额宝是金融领域技术变革的另一个典型代表。互联网与传统理财的结合为投资者打造了一个全新的理财模式，借助“余额宝”独特的“草根”定位与“淘宝网”的平台优势，天弘基金借此一跃成为国内第一大货币基金，无数“宝宝”类互联网理财产品如雨后春笋般涌现，传统的银行理财模式被彻底颠覆。

由此可见，在行业技术变革中，无疑有许多技术创新企业可以获得巨大的成长空间，这为技术创新企业提供了难得的发展机遇。

5.1.2 行业技术变革带来的挑战

行业技术变革在创造大量机遇的同时，也对原有的行业格局和龙头企业形成了强烈的挑战。技术变革的特点是难以预知，事实上许多技术变革最终胎死腹中而并未取得成功。对于任何一个行业的技术创新企业来说，不论其所采用的技术是什么，始终存在着被革命性的新技术所取代的危险。人们通常只注意到Apple、Google、三星、阿里巴巴、天弘基金这样的技术创新企业迅速崛起的风光，但殊不知这些企业随时有可能成为被革命的对象，成为下一个诺基亚或微软。

因此相对于机遇，行业技术变革对企业来说更是一种挑战。技术变革意味着动荡，即使动荡中创造着机会，但总的来说，对任何企业而言，挑战更胜于机遇。任何技术变革行业中的企业若丧失忧患意识，为自己目前抓住了机遇而沾沾自喜，忽视了自身所面临的潜在挑战，那么迟早会面临失败。

5.2 我国上市公司面临的行业技术变革现状

行业技术变革的激烈程度是非常难以直接测量的，但可以通过寻找代理变量的办法间接地体现行业技术变革的激烈程度。如果认为每一个上市公司都是带着变革行业的理想去进行IPO，那么上市公司越多的行业，其技术变革的程度就应该越激烈。在技术变革不激烈的行业，行业格局比较稳定，往往经过长期发展之后会形成少数几家大型的垄断企业占据整个行业的大部分市场。但技术变革激烈的行业则不同，不断会有新的技术创新企业涌现，会表现出强烈的成长性和扩张欲望，因此上市公司家数越多，该行业的技术变革就会越激烈。

本节根据行业公司数作为代理变量来体现行业技术变革的激烈程度，按照不同行业进行分组，统计目前我国各行业的上市公司家数，并按从大到小的顺序进行排列，见表5-1。

表5-1　我国各行业技术变革激烈程度的间接测量

行业代码	行业名称	上市公司数
C39	计算机、通信和其他电子设备制造业	219
C26	化学原料及化学制品制造业	184
C38	电气机械及器材制造业	172
K70	房地产业	152
C27	医药制造业	151
C35	专用设备制造业	137
I65	软件和信息技术服务业	117
C34	通用设备制造业	105
F52	零售业	91
C36	汽车制造业	91
C30	非金属矿物制品业	82
F51	批发业	74
D44	电力、热力的生产和供应业	64
C32	有色金属冶炼及压延加工业	60

续表

行业代码	行业名称	上市公司数
C29	橡胶和塑料制品业	51
E48	土木工程建筑业	47
C17	纺织业	46
C33	金属制品业	43
C13	农副食品加工业	39
C15	酒、饮料和精制茶制造业	39
C31	黑色金属冶炼及压延加工业	37
S90	综合	36
C37	铁路、船舶、航空航天和其他运输设备制造业	36
G55	水上运输业	35
G54	道路运输业	33
C22	造纸及纸制品业	29
C18	纺织服装、服饰业	29
B06	煤炭开采和洗选业	28
C40	仪器仪表制造业	28
C28	化学纤维制造业	26
C14	食品制造业	26
L72	商务服务业	24
B09	有色金属矿采选业	23
C25	石油加工、炼焦及核燃料加工业	22
J67	资本市场服务	20
N78	公共设施管理业	18
E50	建筑装饰和其他建筑业	18
C41	其他制造业	18
A01	农业	16
J66	货币金融服务	16
R85	新闻和出版业	14

续表

行业代码	行业名称	上市公司数
I64	互联网和相关服务	14
D46	水的生产和供应业	13
G56	航空运输业	13
A03	畜牧业	12
A04	渔业	11
M74	专业技术服务业	11
I63	电信、广播电视和卫星传输服务	11
B11	开采辅助活动	10
H61	住宿业	10
C24	文教、工美、体育和娱乐用品制造业	10
N77	生态保护和环境治理业	10
C20	木材加工及木、竹、藤、棕、草制品业	9
G59	仓储业	8
D45	燃气的生产和供应业	8
R86	广播、电视、电影和影视录音制作业	8
C23	印刷和记录媒介复制业	7
B08	黑色金属矿采选业	7
C21	家具制造业	6
B07	石油和天然气开采业	6
C19	皮革、毛皮、羽毛及其制品和制鞋业	6
A02	林业	5
J68	保险业	4
H62	餐饮业	4
Q83	卫生	4
J69	其他金融业	4
G58	装卸搬运和运输代理业	3
G53	铁路运输业	3

续表

行业代码	行业名称	上市公司数
E47	房屋建筑业	2
A05	农、林、牧、渔服务业	2
R87	文化艺术业	2
M73	研究和试验发展	1
P82	教育	1
E49	建筑安装业	1
L71	租赁业	1
E	建筑业	1
G57	管道运输业	1
C42	废弃资源综合利用业	1

如果认为行业中的上市公司数越大，该行业的技术变革风险就越大，那么根据这一变量进行排序的结果可以看出（见表5-1），我国技术变革风险最大的行业有计算机、通信和其他电子设备制造业，化学原料及化学制品制造业，电气机械及器材制造业，房地产业，医药制造业，专用设备制造业等。而我国技术变革风险最小的行业则有废弃资源综合利用业，管道运输业，建筑业，租赁业，建筑安装业等。这一发现与我们直观感受到的行业技术变革风险大小非常相符。

5.3 基于行业技术变革风险的企业IPO决策模型

本节通过数理模型来刻画企业进行技术创新与IPO融资决策时所考虑的行业技术变革风险问题，并从中推导影响企业IPO融资决策的主要因素及其影响方式。有关行业技术变革的模型设定主要以马克西莫维克和皮彻勒（Maksimovic and Pichler，2001）为基础，但本节在该模型基础上加入了技术信息溢出效应与行业可行性风险等内容的扩展，并得出了更为丰富的理论假说。

5.3.1 模型的基本设定

为研究行业技术变革风险对企业IPO融资决策的影响，我们假设企业的技术创新项目需要分两个阶段进行融资和建设。研究的主要对象“技术创新企业”已经成功完成第一阶段的融资与建设，需要决定是否立即为第二阶段建设进行融资，或者选择推迟融资。若技术创新企业决定立即融资，则还需要决定融资的方式是采用私募融资还是 IPO 融资。

除“技术创新企业”外，行业中还存在着大量的“潜在竞争企业”。潜在竞争企业处于观望状态，尚未开展第一阶段的融资与建设。模型中假设存在“大量的”潜在竞争企业，这意味着只要进入行业的预期利润高于进入成本，就会有潜在企业加入竞争，从而造成预期利润降低，直到预期利润与进入成本相等时达到均衡。如果潜在竞争企业决定进入行业并与技术创新企业展开竞争，那么就需要开始第一阶段的融资与建设。潜在竞争企业是否进入行业的决策会受到技术创新企业融资决策的影响，因为技术创新企业开始为第二阶段建设进行融资的行为实际上公布了技术创新项目可行的信息，这将会提高潜在竞争企业对项目利润的预期。因此，技术创新企业在做出是立即融资还是推迟融资的抉择时，会考虑其融资行为将技术可行性信息泄露给竞争对手所造成的“成本”。

除上述“技术创新企业”与“潜在竞争企业”之外，还存在着一类“技术变革企业”，他们从事研发有可能颠覆行业引起变革的新技术。已经完成第一阶段投资与建设的技术创新企业所采用的技术被称为“改进性创新”（incremental innovation），用 I 表示；技术变革企业正在研发的技术则被称为“革命性创新”（revolutionary innovation），用 R 表示。假若革命性创新（R）取得成功，那么改进性创新（I）就会遭到淘汰，因此技术创新企业面临着行业技术变革造成的资本错配风险，而这一风险可以通过推迟融资和第二阶段的建设在一定程度上予以规避。技术变革企业的行为在模型中不进行详细刻画，因为其决策不属于本书研究的主题。本研究的内容主要包括技术创新企业的融资决策（推迟融资、IPO 融资还是私募融资），其次是潜在竞争企业的竞争决策（进入行业还是不进入），而这两项决策都会受到行业技术变革风险大小（外生给定的革命性创新的成功概率）的影响。

为了模型建立的方便，我们假设“改进性创新”与“革命性创新”的区别主要在于生产成本的不同。如果革命性创新取得成功，那么技术变革企业的单位生产成本就会低于技术创新企业，从而将后者从市场上淘汰。然而，如果革命性创新失败，那么技术变革企业则会在市场上被技术创新企业淘汰。

5.3.2　技术创新、企业融资与行业技术变革的条件设定

本章模型将时间轴分为两大时期，两大时期又分别分为三个时刻。技术创

新、融资、行业技术变革等事件发生的时间轴见图 5－1。

图 5－1　技术创新、融资、行业技术变革等事件的时间轴

在 T_1^a 时刻，技术创新企业与技术变革企业开始技术创新项目第一阶段的建设。技术创新企业采用的技术是改进性创新（I），技术变革企业采用的技术是革命性创新（R），两种技术将来的生产成本会有所不同，但生产出的产品完全相同。两种技术创新在第一阶段的投资金额相同，都等于 kG，在第二阶段的投资金额也相同，都等于（$1-k$）G，其中 $k(0<k<1)$ 代表第一阶段的投资比例。假设技术创新企业与技术变革企业的数量相同，外生给定，且为公共知识。

在 T_1^b 时刻，技术创新企业与技术变革企业得知各自所采用技术的生产成本，从而确认行业是否可行。而此时公众判断行业可行的概率为 $\theta(0<\theta<1)$，革命性创新成功的概率为 $\lambda(0<\lambda<1)$。也就是说，公众判断长期之下技术创新企业取得成功的概率为 $\theta(1-\lambda)$，技术变革企业取得成功的概率则为 $\theta\lambda$。事实上行业是否可行在此时只有技术创新企业与技术变革企业了解，而革命性创新是否成功则只有技术变革企业了解。

在 T_1^c 时刻，若得知行业可行，技术创新企业就可以开始融资并进行项目的第二阶段建设。而技术变革企业即使发现行业可行，也不能在 T_1^c 时刻融资并进行第二阶段建设。T_1^c 时刻技术创新企业需要决定是否为第二阶段建设进行融资，并且若决定融资，还要选择是通过 IPO 融资还是私募融资。若技术创新企业决定融资，那么就必须向投资者披露生产成本以及行业可行性方面的信息。当采用 IPO 方式进行融资时，生产成本以及行业可行性会成为公共知识，从而被潜在竞争企业所获悉；而当采用私募方式融资时，生产成本以及行业可行性只会以概率 z 成为公共知识，从而以概率 z 被潜在竞争企业获悉。尽管私募融资具有可能不向潜在竞争企业泄露信息的优点，但其缺点是融资成本高于 IPO。假设私募融资会比 IPO 融资产生额外的融资成本 F。

在 T_2^a 时刻，潜在竞争企业需要决定是否进入行业，并选择是采用改进性创新技术还是革命性创新技术。决定进入行业的潜在竞争企业支付投资额 kG 并进行第一阶段建设。进入行业的潜在竞争企业的数量由均衡决定，取决于此时有关技术与行业可行性的公共信息。某种技术的长期可行性概率越高，那么采用该种技术进入行业的潜在竞争企业就会越多。开展过第二阶段融资的技术创新企业会在 T_1^c 时刻开始生产产品。

在 T_2^b 时刻，新进入行业的竞争企业得知所用技术的生产成本，也得知行业是否可行（若 T_1^c 时技术创新企业选择了 IPO 融资，则这些信息在 T_1^c 时刻就已得知）。技术变革企业若在 T_1^b 时刻未能得知自己所采用的革命性创新的可行性，那么在 T_2^b 时刻就能得知。

在 T_2^c 时刻，所有技术可行但尚未开始第二阶段建设的企业都会进行 IPO 融资并开始第二阶段建设。这是因为在这个时刻竞争对手进入行业的决策已经做出，所以不必再担心信息溢出的问题，而因为 IPO 融资的成本更低，所以融资都会选择 IPO 的方式。如果革命性创新失败，那么技术变革企业被淘汰，只有技术创新企业进行 IPO；如果革命性创新成功，那么技术创新企业会被淘汰，只有技术变革企业进行 IPO。

经历过 T_2^c 时刻采用可行技术的企业在 IPO 融资与第二阶段建设之后，行业中留存下来未被淘汰的企业便开始生产并不必再担心潜在竞争企业的问题。因为通常情况下，错过行业竞争初期的企业都很难在行业格局形成之后再进入市场（Sahlman and Stevenson，1985）。

假设企业在完成第二阶段建设之前不能产生任何现金流。而且，与经典模型［迈尔斯（Myers，1977）］相同，即使企业无法收回第一阶段投资的沉没成本 kG，企业依然会希望开展第二阶段融资与建设来减少损失。而在本章模型中，技术创新企业可以选择将 T_1^c 时刻的融资推迟到 T_2^c 时刻进行，从而避免行业技术变革的风险。若技术创新企业选择 IPO 融资，那么金融市场便会利用公开信息以及企业自己披露的行业与技术可行性信息来评估企业未来现金流的期望值；若技术创新企业选择私募融资，那么私募投资者便会利用公开信息以及企业向私募披露的信息来评估企业未来现金流的期望值。

为进一步定义模型，假设在进行过第二阶段融资与建设之后，技术创新企业生产产品的单位成本为 c_I，技术变革企业生产产品的单位成本为 c_R。假设产品的需求函数为线性形式，即每一期的需求函数均为 $p_t = a - bQ_t$，其中 p_t 为单位产品的市场价格，Q_t 为价格 p_t 所对应的需求数量，a 与 b 均为常数用来刻画向下倾斜的需求曲线。资本的机会成本即利率为 r。产品市场上企业通过博弈进行竞争，通过判断其他企业所采用的策略与产出数量，根据利润最大化原则制定自己的产量。每一期生产出的产品总数量以及利润既取决于其他企业的数量，也取决于其他企业所采用的技术。均衡产量采用的是古诺均衡（Cournot equilibrium）的概念。

模型的关键内生变量为第一期末 T_1^c 时刻与第二期末 T_2^c 时刻选择 IPO 融资或私募融资的各类企业的数量，以及由此决定的各类企业的价值。外生变量有行业的需求特征（a、b）、技术特征（k、G、c_I、c_R）、贴现率 r，以及行业可行与革命性创新取得成功的公共可知的先验概率（θ、λ）。本章研究主要将推导 k（第一阶段投资的沉没成本的比例）、θ（行业可行的先验概率）、λ（革命性创新取得成功的先验概率）等外生变量对内生变量均衡解的影响。

5.3.3 技术创新企业融资方式的三种纯策略均衡

解上述模型将采用精炼贝叶斯均衡（Perfect Bayes's equilibrium）的概念。均衡由三部分构成：①技术创新企业所选择的融资策略，即在 T_1^c时刻是选择 IPO 融资，还是选择私募融资，还是选择推迟融资；②T_2^a时刻决定进入行业的潜在竞争企业的数量；③由市场决定的 IPO 或私募融资额。均衡要求所有个体都在给定其他个体的信念与均衡选择的情况下最大化自己的预期收益，并且所有个体的信念形成都服从概率论中的贝叶斯法则（Bayes'rule）。尽管均衡中的第②③部分都是内生决定的，但分析的重点将放在第①部分。

下文将推导出本章模型的三种纯策略均衡。均衡 1：所有的技术创新企业都选择推迟融资，到 T_2^c时刻才进行融资与第二阶段建设；均衡 2：至少两个技术创新企业选择在 T_1^c时刻通过 IPO 方式进行融资，而其他技术创新企业则全部选择推迟融资；均衡 3：至少两个技术创新企业选择在 T_1^c时刻通过私募方式进行融资，并且没有技术创新企业进行 IPO 融资。其他形式的纯策略均衡均可以被排除。比如，一部分技术创新企业进行 IPO 融资而另一部分进行私募融资，这种情况不是均衡。因为在这一情况下，通过私募进行融资的技术创新企业需要支付额外的融资成本 F，却享受不到信息保密的优势，因为其他采用 IPO 形式进行融资的技术创新企业已经将行业可行性信息公开从而让潜在竞争企业获悉了。

如果在 T_1^b时刻了解到行业可行，那么技术创新企业就具有动机在 T_1^c时刻融资并开展第二阶段建设，从而提早获取产品利润并产生现金流。但技术创新企业也会有两方面的顾虑从而放弃在 T_1^c时刻开展融资：第一，不管 IPO 融资还是私募融资，都有可能泄露信息从而让潜在竞争企业获悉，导致其进入行业并加剧竞争，降低所有企业的长期利润；第二，革命性创新有可能取得成功从而导致行业技术发生变革，使得技术创新企业遭到淘汰，让提早获得的融资白费。要讨论第一个顾虑就需要首先解决 T_2^a时刻潜在竞争企业进入行业的决策问题，即进入行业的潜在竞争企业的数量及企业利润如何由两种技术的可行性信息所决定。在此基础上才可以讨论技术创新企业对融资策略的权衡，并推导上述三种纯策略均衡出现的条件。

1. 潜在竞争企业的决策与长期利润

潜在竞争企业会在 T_2^a时刻从改进性创新与革命性创新中选择一种技术进入行业并开始第一阶段建设，直到进入行业的预期利润与第一阶段建设的沉没成本相等时达到均衡，即

$$p_i \times \left(\frac{\pi_{i3}}{r} - (1-k)G\right) = kG \tag{5.1}$$

其中 $p_i(i \in \{I, R\})$ 代表技术 i 在长期中取得成功的概率，π_{i3}代表采用技术 i 的企业在 T_3 时刻之后的长期每期利润。两种技术可以分别使用式（5.1）刻画而不存在相互影响，因为两种技术长期同时共存的概率为零，革命性创新一旦成功，改进性创新必然遭到淘汰。等式（5.1）左边是进入行业的预期利润，利润在概率 p_i 下为长期收入的贴现值减去第二阶段的建设成本，在概率 $1-p_i$ 下为零，等式右边是第一阶段的建设成本。可以看出，第一阶段的投资比例 k 越大，决定进入行业的潜在竞争企业就会越少，均衡下的长期利润 π_{i3}就会越大。

假设长期之下技术创新企业的每期利润与潜在竞争企业相等，那么等式（5.1）也描述了潜在竞争企业所估计的行业可行前提下技术 i 成功的概率与技术创新企业长期下每期利润之间的关系。等式（5.1）表明，技术 i 的长期每期利润与技术 i 的成功概率呈负相关。这是因为，若潜在竞争企业认为技术 i 取得成功的概率越大，那么选择采用技术 i 进入行业的潜在竞争企业就越多。竞争企业越多，行业竞争就越激烈，长期下每个企业（包括技术创新企业）的利润就越低。由于这个原因，技术创新企业在决定自己的融资策略时，必然会考虑融资方式的选择和信息泄露与否对自己长期利润的影响。

技术创新企业选择的融资方式所泄露的信息会影响潜在竞争企业对技术 i 成功概率 p_i 的判断。在 T_1^b时刻技术创新企业做出融资选择之前，潜在竞争企业对行业可行性的概率判断为 θ。而在 T_1^c时刻技术创新企业做出融资选择之后，潜在竞争企业可以根据观察到的技术创新企业所选择的融资方式来更新对概率的判断。若潜在竞争企业观察到技术创新企业在 T_1^c时刻开展融资，那么潜在竞争企业就能够判断出行业是可行的，如此便可会更新概率判断，认为革命性创新技术的成功概率 $p_R=\lambda$，改进性创新技术的成功概率 $p_I=1-\lambda$。若潜在竞争企业没有观察到技术创新企业的融资行为，既有可能是技术创新企业选择了推迟融资，也有可能是技术创新企业选择了私募融资，潜在竞争企业对概率 p_i 的判断就取决于具体出现哪种均衡。没观察到融资行为的情况下，三种均衡状态与技术成功概率之间的对应关系见表 5-2。

表 5－2　　潜在竞争企业对两种技术可行性的概率的判断

技术可行性概率	均衡 1（推迟融资）	均衡 2（IPO 融资）	均衡 3（私募融资）
p_I（改进性创新）	$(1-\lambda)\theta$	0	$(1-\lambda)\theta'$
p_R（革命性创新）	$\lambda\theta$	0	$\lambda\theta'$

在均衡 1 的情况下，技术创新企业选择推迟融资，因此潜在竞争企业没有观察到技术创新企业的融资行为并不能提供额外信息，因此对两种技术的可行性的概率判断不变，与先验概率相同。在均衡 2 的情况下，技术创新企业选择 IPO 融资，潜在竞争企业观察到技术创新企业的融资行为的概率为 1，因此若潜在竞争企业实际上没有观察到技术创新企业的融资行为，那么根据贝叶斯法则（Bayes'rule）判断的技术可行性概率会更新为 0。最后，在均衡 3 的情况下，技术创新企业选择私募融资，会有一定的概率不被潜在竞争企业观察到，因此潜在竞争企业没有观察到技术创新企业的融资行为既有可能是因为技术不可行，也有可能是因为私募融资没有被观察到。因此这种情况下潜在竞争企业就会根据贝叶斯法则（Bayes'rule）适当将行业可行性的概率调低至 $\theta'(0<\theta'<\theta)$。

2. 均衡 1：技术创新企业推迟融资

均衡 1 的情况要成为均衡，其充要条件是技术创新企业没有采用推迟融资以外的其他融资策略的动机。在考虑是否采用其他融资策略时，技术创新企业面临着权衡。一方面，若不推迟融资，则可以在其他企业推迟融资的情况下提前将创新项目建设完毕从而享受一期垄断利润。但另一方面，提前融资有可能向潜在竞争企业泄露行业与技术的可行性信息，加剧行业竞争，降低长期利润。此外，提前融资还面临着增加沉没成本的风险，因为行业技术变革有可能使得改进性创新失败，遭到革命性创新的替代。

当技术创新企业都选择推迟融资，其中某个技术创新企业也选择推迟融资时，其价值为：

$$V_1^1=(1-\lambda)\left(\frac{\pi_{I3}^{(2)}/r-(1-k)G}{1+r}\right) \tag{5.2}$$

等式右边第一对括号内的 $1-\lambda$ 是技术创新企业所采用的改进性创新取得成功的先验概率；第二对括号代表剔除第二阶段投资成本后的预期利润的贴现值。由于技术创新企业选择的是推迟融资，因此第二阶段投资建设与收益的产生都发生在 T_2^c 时刻以后的长期。$\pi_{I3}^{(2)}$ 代表技术创新企业（I）的长期每期利润，在 T_3 时刻之后才开始产生，以 T_2 时刻之前技术可行性信息没有泄露为前提。$\pi_{I3}^{(2)}$ 的大小取决于选择改进性创新进入行业的潜在竞争企业的数量，可以从方程（5.1）中求出，

其中令 $p_I=(1-\lambda)\ \theta$。将解出的 $\pi_B^{(2)}$ 代入（5.2）式，可以解出

$$V_1^1=\frac{kG}{\theta(1+r)} \tag{5.3}$$

接下来考虑当其他技术创新企业都选择推迟融资，其中某个技术创新企业选择在 T_1^c 时刻通过 IPO 的方式提前融资时的价值。该企业的 IPO 融资行为使行业可行的信息成为公共信息并让潜在竞争对手得知。因此，该企业的价值的计算公式为：

$$V_2^1=\left(\pi_2+\frac{(1-\lambda)\pi_B^{(1)}}{r}\right)\left(\frac{1}{1+r}\right)-(1-k)G \tag{5.4}$$

等式右边的第一项是预期利润的贴现值，第二项是第二阶段的建设成本。预期利润现在由两部分组成：π_2 是在 T_2 时期由该企业所独享的利润，$\pi_B^{(1)}$ 是该企业的长期每期利润，在 T_3 时刻之后才开始产生，以 T_1 时刻技术可行性信息已通过 IPO 行为发生泄露为前提。

该技术创新企业的 IPO 融资行为虽然提前泄露了行业可行性信息，但并不能让潜在竞争企业得知改进性创新与革命性创新两者哪个将会取得成功。因此该技术创新企业在 T_1^c 时刻通过 IPO 进行融资的行为会吸引潜在竞争企业进入行业直到达到（5.1）式的均衡，使 $\pi_B^{(1)}$ 可以从方程（5.1）求出，其中令 $p_I=(1-\lambda)$。将求出的 $\pi_B^{(1)}$ 代入（5.4）式，可以解出

$$V_2^1=\frac{\pi_2+kG-(\lambda+r)(1-k)G}{1+r} \tag{5.5}$$

在等式（5.5）中，π_2+kG 是未来利润的期望值。要在未来获得利润，技术创新企业必须进行第二阶段建设并投入成本 $(1-k)G$。分子中 $\lambda(1-k)G$ 对应着当技术创新企业所采用的改进性创新被革命性创新所取代时，第二阶段投资成本损失的期望值；而 $r(1-k)G$ 则对应着提前一期开始第二阶段建设所需要花费的资本的机会成本。

某技术创新企业也有可能在其他技术创新企业都选择推迟融资时选择在 T_1^c 时刻通过私募的方式提前融资。私募融资的优势在于其融资行为被潜在竞争企业观察到的概率为 $z(0<z<1)$，而私募融资的缺点则在于需要花费额外的融资成本 F。因此，该技术创新企业的价值为：

$$V_3^1=\left(\pi_2+\frac{(1-z)(1-\lambda)\pi_B^{(2)}+z(1-\lambda)\pi_B^{(1)}}{r}\right)\left(\frac{1}{1+r}\right)-(1-k)G-F \tag{5.6}$$

将从式（5.1）得到的 $\pi_B^{(2)}$ 与 $\pi_B^{(2)}$ 的解代入式（5.6），可以解得

$$V_1^3=\frac{\pi_2+\dfrac{(1-z(1-\theta))kG}{\theta}-(\lambda+r)(1-k)G}{1+r}-F \tag{5.7}$$

选择私募融资的技术创新企业的长期期望利润（$1-z(1-\theta))kG/\theta$ 大于选择 IPO 融资的技术创新企业的长期期望利润kG，是因为选择私募融资的情况下，进入行业的潜在竞争企业会比较少。而该企业因可能被革命性创新所取代和提前融资所造成的成本$(\lambda+r)(1-k)G$，却并不比 IPO 融资更高。因此，若技术创新企业选择了提前融资而不是推迟融资，那么需要做出的权衡就在于私募融资更高的长期预期利润与私募融资更高的融资成本之间。

某技术创新企业偏离推迟融资的均衡 1 在 T_1^c时刻选择 IPO 融资所获得的边际收益为式（5.5）与式（5.3）之差，即

$$\Delta_2^1 V = V_2^1 - V_1^1 = \frac{\pi_2 - \left(\frac{1-\theta}{\theta}\right)kG - (\lambda+r)(1-k)G}{1+r} \tag{5.8}$$

该边际收益由三部分组成：第一项 π_2 是提前融资所获得的单期利润；第二项$(1-\theta)kG/\theta$ 是由于将行业可行性信息泄露给潜在竞争企业所造成的长期利润的损失；最后一项（$\lambda+r$）（$1-k$）G 是提前融资所造成的行业技术变革风险所导致的成本与提前融资资本的机会成本。若 $\Delta_2^1 V>0$，则均衡 1 的情况就不是均衡。

类似地，某技术创新企业偏离推迟融资的均衡 1 在 T_1^c时刻选择私募融资所获得的边际收益为式（5.7）与式（5.3）之差，即

$$\Delta_3^1 V = V_3^1 - V_1^1 = \frac{\pi_2 - z\left(\frac{1-\theta}{\theta}\right)kG - (\lambda+r)(1-k)G}{1+r} - F \tag{5.9}$$

等式（5.9）与等式（5.8）很接近，只有两处区别：其一是损失长期利润的发生概率从 1 降为 z，其二是增加了私募融资的额外成本 F。类似地，若 $\Delta_3^1 V>0$，则均衡 1 的情况就不是均衡。

3. 均衡 2：技术创新企业采用 IPO 融资

均衡 2 的情况是，在行业可行的前提下，至少有两个技术创新企业在 T_1^c时刻通过 IPO 方式进行融资，而其他不进行 IPO 的技术创新企业全部选择推迟融资。在这种情况下，潜在竞争企业若观察到 IPO，则可以判断行业是可行的，若没有观察到 IPO，则说明行业是不可行的。

由于在均衡 2 下至少两个技术创新企业进行 IPO 融资，因此某一个技术创新企业的融资决策改变就不能改变行业可行性信息被其他企业的 IPO 融资行为所泄露的事实。因此，当某一个技术创新企业在决定是否偏离 IPO 融资的均衡而选择推迟融资时，该企业只需要权衡提前一期生产所带来的收益与所采用的改进性创新技术被革命性创新技术所取代所带来的成本。通过 IPO 提前融资并开展第二阶段建设的技术创新企业越多，提前一期生产所带来的利润就越少，而行业变革风

险所导致的预期成本对每个企业来说却不变，由此便可以唯一解出选择IPO方式融资的技术创新企业的数量。此外，偏离IPO融资均衡的技术创新企业并不会选择私募融资方式，因为这样做并不能提高预期收益，反而只会增加融资成本。在原本有 n 个技术创新企业选择IPO融资的均衡中，其中一个技术创新企业放弃IPO去选择推迟融资所获得的边际收益是

$$\Delta_1^2 V = \frac{(\lambda + r)(1 - k)G}{1 + r} - \frac{\pi_2}{1 + r}\left(\frac{2}{1 + n}\right)^2 \tag{5.10}$$

其中 π_2 是 T_2 时期的单期完全垄断利润。可以看出，在均衡2的条件下选择推迟融资的边际收益是 n 的增函数。方程（5.10）可以用来确定均衡2条件下选择IPO融资的技术创新企业数量 n。

4. 均衡3：技术创新企业采用私募融资

均衡3的情况是，在行业可行的前提下，至少两个技术创新企业选择在 T_1^c 时刻通过私募方式进行融资，而其他不进行私募融资的技术创新企业全部选择推迟融资。在均衡3下，潜在竞争企业可以以概率 z 观察到融资行为，从而获悉行业可行。如果潜在竞争企业没有观察到融资行为，则不能判断是因为行业不可行，还是因为私募融资行为未被观察到。所以在这种情况下，潜在竞争企业会将行业可行的概率从 θ 下调到 θ'。

当其他技术创新企业选择私募融资，其中某个技术创新企业偏离均衡选择IPO融资时，该企业可以节省融资成本 F，但却会把行业可行性信息确定地泄露给潜在竞争企业，从而加剧竞争降低长期利润。均衡3下，某技术创新企业偏离均衡选择IPO融资的边际收益为

$$\Delta_2^3 V = F - \frac{kG}{1 + r}\left(\frac{1 - \theta}{\theta}\right) \tag{5.11}$$

其中第一项 F 即为节约下来的融资成本，而第二项则为吸引更多潜在竞争企业进入行业所导致的长期利润减少的期望值。

5.3.4　均衡条件与比较静态分析

根据上文的分析，三类均衡成立的前提条件分别是：

（1）均衡1（全部技术创新企业选择在 T_1^c 时刻推迟融资）成立的充分必要条件是 $\Delta_2^1 V \leqslant 0$ 并且 $\Delta_3^1 V \leqslant 0$。

（2）如果均衡1的条件不能成立，那么：

a）如果 $\Delta_2^3 V > 0$，则均衡2（一部分技术创新企业选择在 T_1^c 时刻IPO融资）

成立，均衡 3 不成立。

b）如果 $\Delta_2^3 V \leqslant 0$，则均衡 3（一部分技术创新企业选择在 T_1^c 时刻私募融资）成立，均衡 2 不成立。

这概括了各种由融资决策的边际收益 Δ 所决定的融资选择。各均衡成立的条件是任何技术创新企业都没有偏离均衡采用其他融资方式的动机。

在均衡 2 中，技术创新企业面临着式（5.10）所指定的权衡。技术创新企业具有提前通过 IPO 融资开展第二阶段建设从而获得 T_2 时期利润的动机。而与此同时，任何一个技术创新企业的行为都无法改变信息通过 IPO 行为泄露给竞争对手的事实。这会造成一种“羊群效应”，即某个技术创新企业的 IPO 融资行为会造成其他技术创新企业跟随着进行 IPO 融资。然而，提前进行 IPO 融资面临着资本错配的风险，即行业技术变革有可能让前期投资的沉没成本白费。此外，提前融资还需要支付额外一期的资本机会成本。这两项成本，即 $(\lambda + r)(1-k)G$，独立于选择 IPO 融资的企业的数量。而 T_2 时期的利润却随选择 IPO 融资的企业数量的增加而递减。若有 n 个技术创新进行 IPO 融资，则 T_2 时期 n 个企业中每个企业得到的利润为 $4\pi_2/(1+n)^2$，其中 π_2 为 T_2 时期完全垄断的利润。由于收益是企业数量的减函数而成本为常数，因此均衡 2 中选择 IPO 融资的技术创新企业的数量 n 可以被唯一确定：

$$n = \min\left[n_1,\ 2\sqrt{\frac{\pi_2}{(\lambda + r)(1-k)G}} - 1\right] \tag{5.12}$$

其中 n_1 为已完成第一阶段投资的技术创新企业的数量。

这表明，由行业技术变革和资本机会成本所导致的提前 IPO 的预期成本 $(\lambda + r)(1-k)G$ 相对于收益 π_2 越大，均衡 2 下 IPO 企业的数量 n 就会越小。因此，产生“羊群效应”的大量技术创新企业提前 IPO 的现象应该出现于技术变革风险（λ）较低、资本机会成本（r）较低、第一阶段投资比例（k）较高、产品利润（π_2）较大的行业。在不具备上述特征的行业中，若出现均衡 2，则只有少数技术创新企业通过 IPO 融资，而更多的技术创新企业则会推迟融资。

在分析过均衡条件并得出均衡解之后，接下来我们将采用比较静态分析得出几个待检验假说，研究行业可行性先验概率（θ）、革命性技术成功概率（λ）、技术创新第一阶段投资所占比例（k）等关键外生变量如何影响技术创新企业提前融资的动机以及融资方式的选择。

假说 5.1：关于先验信息与第二阶段融资时机：

（1）行业可行性的先验概率（θ）越大，提前融资的吸引力就越大；

（2）革命性创新成功的先验概率（λ）越大，提前融资的吸引力就越小。

如果潜在竞争企业的先验信息认为技术创新行业的可行性概率较低，那么进入行业参与竞争的动机就较弱。因此，当 θ 的值较小时，提前融资所泄露的行业可行性信息所造成的新进入行业的潜在竞争企业数量就会比较大。所以 θ 增大，就会降低提前融资行为的信号成本（signaling cost），使提前融资的吸引力增大。

革命性创新成功的先验概率 λ 越大，意味着行业变革风险越大，在风险发生时，技术创新企业会被技术变革企业所取代，提前融资进行的第二阶段投资 $(1-k)G$ 就会被浪费。若推迟融资，技术创新企业便可以等待革命性创新是否成功的结果出来，再决定是否开展第二阶段建设。因此 λ 增大则会增加推迟融资的吸引力。

假说 5.2：关于第一阶段投资比例与第二阶段融资动机：

当资本错配成本大于信号成本时，第一阶段投资比例（k）越大，提前融资的吸引力就越大。对于 IPO 方式的提前融资，资本错配成本大于信号成本的条件是 $\lambda+r>(1-\theta)/\theta$；对于私募方式的提前融资，资本错配成本大于信号成本的条件是 $\lambda+r>z(1-\theta)/\theta$。当资本错配成本小于信号成本时，即上述条件不成立时，第一阶段投资比例（k）越大，提前融资的吸引力就越小。

第一阶段的投资比例（k）对技术创新企业融资决策的影响比较复杂，主要是因为 k 对技术创新企业所关心的两个成本（信号成本与资本错配成本）有方向相反的影响。使用均衡条件（5.1）可以推出，技术创新企业因提前 IPO 融资泄露行业可行性信息造成行业竞争加剧的边际成本为 $(1-\theta)kG/\theta$，对 θ 为减函数，对 k 为增函数。另一方面，提前融资的技术创新企业还有一个资本错配成本 $(\lambda+r)(1-k)G$，对 λ 为增函数，对 k 为减函数。因此，第一阶段投资比例 k 增加对于技术创新企业融资决策的净影响取决于信号成本的增加量与资本错配成本的减少量哪个更大。如果 θ 和 λ 的值都较小使得 $(1-\theta)/\theta>\lambda+r$，那么信号成本就是更为重要的成本，使得 k 增加时提前融资成本增加，降低技术创新企业 IPO 融资的吸引力。相反，如果 θ 和 λ 的值都较大使得 $(1-\theta)/\theta<\lambda+r$，那么资本错配成本就是更为重要的成本，使得 k 增加时提前融资成本减小，增加技术创新企业 IPO 融资的吸引力。对于考虑通过私募进行提前融资的技术创新企业而言，上述论述仍然成立，只需把信号成本的概率由 1 调整为 z。

如果技术创新企业选择提前融资，那么不管采用 IPO 和私募哪种方式，第二阶段投入的建设资金一定会成为沉没成本。所以，尽管革命性创新取得成功的先验概率 λ（即行业技术变革风险）对于是否提前融资的决策至关重要，但对于融资方式的选择却没有影响。选择何种方式进行融资，只由信号成本的大小决定。具体而言，当信号成本降低时，IPO 融资方式就会更具吸引力，见假说 5.3。

假说 5.3：在技术创新企业决定在 T_1^c 时刻提前为第二阶段建设进行融资的前

提下，如果

（1）行业可行性的先验概率 θ 越大，或者

（2）第一阶段建设的投资比例 k 越小，

那么 IPO 的融资方式就会更具吸引力。

5.4 行业技术变革风险模型的实证检验

行业技术变革风险的存在对于技术创新企业的 IPO 决策具有诸多启示。5.3 节以行业技术变革风险为核心假设，分析推导出了影响企业 IPO 决策的诸多影响因素与影响方式；而本节的任务则是采用中国实际数据来检验基于行业技术变革风险的 IPO 决策模型的推论在实际中是否能够成立。

5.4.1 变量定义与数据来源

通过推导得出的假说 5.1、假说 5.2 和假说 5.3 通过比较静态分析指出了行业可行性的先验概率（θ）、革命性创新成功的先验概率（λ）与第一阶段投资比例（k）等三个因素对于技术创新企业的提前融资决策与 IPO 融资决策的影响。但是两个先验概率都很难测量，而且技术创新企业是否提前融资以及是否选择了私募融资也几乎无法观测，这些客观事实都限制了对假说 5.1、假说 5.2 和假说 5.3 的直接实证检验。因此本节采用代理变量（Proxy）的方法来解决实证检验难题。

第一，对于无法观测的企业提前融资决策，采用 IPO 前后现金变化百分比（ΔC）作为代理变量，其定义为

$$\Delta C \triangleq \frac{C1 - C0}{C0} \times 100\% \tag{5.13}$$

与（4.13）完全相同，其中 $C1$ 为 IPO 后现金持有量，$C0$ 为 IPO 前现金持有量。根据 4.3.4 节的分析以及在 4.4.3 节得到的实证，提前进行 IPO 的企业在 IPO 之后倾向于持有更多的现金，所以用 IPO 前后现金变化百分比（ΔC）作为提前融资的代理变量从理论和经验上都具有比较高的相关性。然而，必须承认，提前融资并采用私募方式进行融资的企业无法纳入作为研究样本，这是可用数据的局限性造成的。

第二，企业选择 IPO 融资或私募融资的决策无法观测，可以采用 IPO 融资额占现金的比例（ΔP）作为代理变量，其定义为

$$\Delta P \triangleq \frac{P - C0}{C0} \times 100\% \tag{5.14}$$

与式（4.14）完全相同，其中 P 为 IPO 融资净额，$C0$ 为 IPO 前现金持有量。使用这一代理变量的逻辑在于，一般情况下，融资额相对于持有现金的比例越大，就说明企业越倾向于 IPO 融资，否则其资金需求完全可以由现在持有的现金提供或者由私募融资方式提供。所以，用 IPO 融资额占现金比例（ΔP）作为企业选择 IPO 方式进行融资的决策的代理变量，在理论上具有很高的相关性。

第三，对于行业可行性的先验概率（θ），同样无法观测，需要寻找代理变量。结合数据可得性与经济意义的综合考虑，比较合适的代理变量可以选择 IPO 招股时发布的预测净利润相比于 IPO 前实际净利润增加的百分比，简称为预测净利润增加百分比（$\Delta\pi$）。具体的数学定义为

$$\Delta\pi \triangleq \frac{\hat{\pi} - \pi}{\pi} \times 100\% \tag{5.15}$$

其中 $\hat{\pi}$ 表示 IPO 招股时的预测净利润，π 表示 IPO 招股前的实际净利润。所谓行业可行性的先验概率，应该是事前对未来技术创新项目成功与否（或成功程度）的一种判断。所以代理变量中不采用 IPO 之后的实际利润额，而是采用 IPO 招股时发布的预测利润额。若预测净利润增加百分比比较大，说明基于公共信息可知的行业的可行性会比较大，其先验概率就比较高，所以在理论上本节选用的代理变量 $\Delta\pi$ 与不可观测的外生变量 θ 高度正相关，形成良好的代理关系。

第四，对于无法观测的行业技术变革风险，即革命性创新取得成功的先验概率（λ），选择的代理变量是 IPO 企业招股前其所处行业的上市公司数量 n^{IPO}。企业所采用的技术实际上很难定量测量，该技术是否属于革命性创新也难以判断，所以革命性创新取得成功的先验概率（λ）是几乎不可能观测的变量。但若假设每一个上市公司采用的都是独特的生产技术，而且其所采用的技术取得成功的概率比较大时才会选择上市，那么某行业的上市公司越多，就意味着该行业潜在的、相互竞争相互替代的、成功概率较大的技术比较多。IPO 企业招股前，其所处行业的上市公司数量是公共信息。所处行业中已有的上市公司越多，意味着该行业的技术创新活动越活跃、越频繁，因此可先验地判断认为该行业是技术变革风险较大的行业。基于上述原因，选择招股前行业上市公司数（n^{IPO}）作为行业技术变革风险（λ）的代理变量是可行的。

第五，技术创新项目第一阶段投资比例（k）可以通过 IPO 前固定资产占比（$\hat{k}$）来测量，其定义为

$$\hat{k} \triangleq \frac{K0}{K1} \times 100\% \tag{5.16}$$

其中 $K0$ 为 IPO 之前企业的固定资产，$K1$ 为 IPO 之后企业的固定资产。IPO 之前企业拥有的固定资产可以认为是技术创新项目的第一阶段投资，IPO 之后企业拥有的固定资产可以认为是技术创新项目所需的总投资，即第一阶段投资加第二阶段投资，因此用 $\hat{k}$ 来估计 k 是比较合适的。

综上所述，上述模型与假设检验所需变量的代理变量的选择与定义汇总在表 5 -3 中方便阅读和查找。

表 5 -3　　　　行业变革风险效应实证研究代理变量的定义

模型变量	代理变量	代理变量定义
是否提前融资决策	IPO 前后现金变化百分比 ΔC	$(C1-C0)/C0\times100\%$
IPO 或私募融资决策	IPO 融资额占现金比例 ΔP	$(P-C0)/C0\times100\%$
行业可行性先验概率 θ	预测净利润增加百分比 $\Delta\pi$	$(\hat{\pi}-\pi)/\pi\times100\%$
革命性创新成功先验概率 λ	IPO 前所属行业公司数 n^{IPO}	按所属行业汇总
第一阶段投资比例 k	IPO 前后固定资产之比 $\hat{k}$	$K0/K1\times100\%$

注：$C0$ 为 IPO 前现金持有量；$C1$ 为 IPO 后现金持有量；P 为 IPO 融资净额；π 为 IPO 前实际净利润；$\hat{\pi}$ 为 IPO 招股时预测净利润；$K0$ 为 IPO 前固定资产；$K1$ 为 IPO 后固定资产。

根据上述变量定义，计算各代理变量所需的原始数据都是可得的。在国泰安（gtarsc. com）提供的多个数据库中：从“中国上市公司首次公开发行研究数据库”中可以查找得到 IPO 前现金持有量（$C0$）、IPO 融资净额（P）、IPO 招股时的预测净利润（$\hat{\pi}$）、IPO 前实际净利润（π）、IPO 前固定资产（$K1$）等原始数据；从“CSMAR 中国上市公司财务报表数据库”中可以查找得到 IPO 后现金持有量（$C1$）、IPO 后固定资产（$K2$）等原始数据；至于 IPO 招股前所属行业上市公司数（n^{IPO}）变量，则可以根据“中国上市公司首次公开发行研究数据库”中得到的 IPO 招股时间和 IPO 企业所属行业，连同从“中国股票市场交易数据库”中得到的全部上市公司的上市时间与所属行业等信息，综合汇总计算得出。

5.4.2　数据的统计描述

从数据库中查询得出的原始数据经过相应汇总或计算后得到的各研究变量的统计描述见表 5 -4。

表 5－4　　行业变革风险效应实证研究代理变量的统计描述

代理变量	观测数	最小值	均值	最大值	标准差
IPO 前后现金变化百分比 ΔC	608	－89.77	417.30	5 001.00	531.4877
IPO 融资额占现金比例 ΔP	605	－86.56	618.70	6 848.00	771.3895
预测净利润增加百分比 $\Delta\pi$	608	－97.51	160.20	1 292.00	139.3405
IPO 前所属行业公司数 n^{IPO}	608	1.00	69.74	206.00	50.5823
IPO 前固定资产占比 $\hat{k}$	608	4.04	78.45	154.90	22.5547

从表 5－4 的 ΔC 变量可以看出，样本企业 IPO 后所持有的现金平均比 IPO 前所持有的现金增加 417.30%，标准差为 531.49%，说明企业上市融资后持有现金平均较多，但企业间差异也较大。下文用 ΔC 作为代理变量来刻画企业提前融资的倾向。ΔC 越大，说明企业越有可能是提前融资。

ΔP 变量的均值为 618.70%，意味着企业 IPO 的融资额平均超过其招股前现金持有量的六倍。标准差为 771.39%，意味着不同企业融资额占比的差异很大。下文用 ΔP 变量作为代理来刻画企业通过 IPO 方式进行融资的倾向。ΔP 越大，说明企业越倾向于通过 IPO 方式进行融资。

$\Delta\pi$ 变量的均值为 160.20%，说明企业 IPO 招股时其预测自身净利润的增长率平均可以达到 160.20%。标准差 139.34% 意味着不同企业预测净利润增长的百分比差异适中，未超过均值。下文用 $\Delta\pi$ 作为代理变量来刻画数理模型中行业可行性的先验概率 θ。通常情况下，企业公布的预测净利润增长百分比 $\Delta\pi$ 越大，从公共信息可知的行业可行性的先验概率就会越大。

n^{IPO} 变量是 IPO 企业招股前同行业已上市公司的数量，其均值为 69.74 家，标准差为 50.58 家。同行业已上市公司的数量与革命性创新取得成功的概率正相关。最小值 1 出现在四个行业，分别是“专业技术服务业”“文教、工美、体育和娱乐用品制造业”“装卸搬运和运输代理业”“开采辅助活动”和“文化艺术”。这些行业的共同特点是极难出现某种替代性新技术造成革命，使得采用旧技术的企业全部被淘汰。最大值 206 出现在“计算机、通信和其他电子设备制造业”。该行业显而易见是目前信息时代革命性创新最频发的行业。n^{IPO} 变量大于 105 的企业样本的行业绝大多数都是“计算机、通信和其他电子设备制造业”，而除此以外的其他行业则全部为“化学原料及化学制品制造业”“电气机械及器材制造业”。凭经验直觉来判断，这些行业的“革命性创新取得成功的先验概率”确实很大，因此 n^{IPO} 作为其代理变量是很合适的。

$\hat{k}$ 变量是 IPO 前后固定资产之比，用于代理技术创新项目第一阶段投资的比例。将 IPO 企业整体理解为一个技术创新项目，其在 IPO 之前的固定资产 $K0$ 可以认为是第一阶段投资，而 IPO 融资之后的固定资产 $K1$ 则应该是第一阶段投资与第二阶段投资之和。$\hat{k}$ 变量的均值是 78.45%，说明数据反映出的我国 IPO 企业上市融资后增加固定资产投入的比例并不多。标准差 22.55% 反映出不同企业第一阶段投资比例的差异较大。

表 5－5 计算了行业变革风险效应研究中所采用的 5 个代理变量的相关系数矩阵。根据命题 5.3，行业可行性的先验概率与提前融资动机正相关，那么代理变量 $\Delta\pi$ 就应该与 ΔC 正相关。基于经验数据的 $\Delta\pi$ 与 ΔC 的相关系数 0.0714 为正，与理论相符。

表 5－5　　行业变革风险效应研究变量的相关系数矩阵

	ΔC	ΔP	$\Delta\pi$	n^{IPO}	$\hat{k}$
IPO 前后现金变化百分比 ΔC	1.0000				
IPO 融资额占现金比例 ΔP	0.8781	1.0000			
预测净利润增加百分比 $\Delta\pi$	0.0714	0.0229	1.0000		
IPO 前所属行业公司数 n^{IPO}	0.1047	0.1064	－0.1231	1.0000	
IPO 前后固定资产之比 $\hat{k}$	－0.0724	－0.0967	－0.1517	0.0067	1.0000

假说 5.1 也指出革命性创新成功的先验概率与提前融资动机负相关，那么代理变量 n^{IPO} 应该与 ΔC 负相关。但从实际数据计算得出的 n^{IPO} 与 ΔC 的相关系数 0.1047 为正，与理论预期相反。这一现象有可能是因为缺乏足够的控制变量所引起，并不能贸然认为该事实拒绝了理论模型的推论。

假说 5.2 虽然讨论了第一阶段的投资比例对提前融资动机的影响，但影响的正负方向并没有定论，而是取决于不同情况的前提。从对应代理变量 $\hat{k}$ 与 ΔC 的经验数据的相关系数 －0.0724 为负可以初步判断，两者之间负相关，说明前提条件有可能是信号成本大于资本错配成本。当然，负相关是在未加任何控制变量的前提下出现的，当控制变量被控制的情况下会出现正相关还是负相关，有待下一小节的实证检验。

假说 5.3 认为行业可行性的先验概率与 IPO 方式的融资动机正相关，那么相应的代理变量 $\Delta\pi$ 与 ΔP 之间的相关系数就应该为正。实际的相关系数 0.0229 确实为正，与假说 5.3 相符。

另外，假说 5.3 也认为第一阶段建设的投资比例与 *IPO* 方式的融资动机负相关，那么相应的代理变量 $\hat{k}$ 与 ΔP 之间的相关系数就应该为负。实际的相关系数

-0.0967 确实为负，因此与假说 5.3 相符。

相关系数矩阵虽然能够反映出变量与变量之间的正负相关关系，但缺点是未能确保“其他因素不变”，即没有将控制变量予以控制。需要注意的是，假说 5.1、假说 5.2 和假说 5.3 所做出的推论，理论上都是需要保证“其他因素不变”才能成立的。因此，上述命题严格来说均需要借助多元回归分析才能做出实证检验。

5.4.3　实证检验

本节使用前文定义与描述过的代理变量通过多元回归分析对假说 5.1、假说 5.2、假说 5.3 进行实证检验。由于使用了代理变量，为了叙述和理解的方便，下文在进行实证检验之前，首先把理论命题转化为用代理变量进行表述的假说。

假说 5.1a：其他因素不变条件下，预测净利润增加百分比（$\Delta\pi$）越大（意味着行业可行性的先验概率越大），IPO 前后现金变化百分比（ΔC）就会越大（意味着提前融资的倾向越大），两者呈正相关。

假说 5.1b：其他因素不变条件下，IPO 前所属行业公司数（n^{IPO}）越大（意味着革命性创新取得成功的先验概率越大，即行业技术变革风险越大），IPO 前后现金变化百分比（ΔC）就会越小（意味着提前融资的倾向越小），两者呈负相关。

假说 5.2a：其他因素不变条件下，若资本错配成本大于信号成本，则 IPO 前后固定资产之比（$\hat{k}$）越大（意味着技术创新项目第一阶段投资比例越大），IPO 前后现金变化百分比（ΔC）就会越大（意味着提前融资的倾向越大），两者呈正相关。

假说 5.2b：其他因素不变条件下，若资本错配成本小于信号成本，则 IPO 前后固定资产之比（$\hat{k}$）越大（意味着技术创新项目第一阶段投资比例越大），IPO 前后现金变化百分比（ΔC）就会越小（意味着提前融资的倾向越小），两者呈负相关。

需要注意，假说 5.2a 与假说 5.2b 是相互替代的关系，不可能同时成立。

假说 5.3a：在其他因素不变的情况下，预测净利润增加百分比（$\Delta\pi$）越大（意味着行业可行性的先验概率越大），IPO 融资额占融资前所持现金的百分比（ΔP）就会越大（意味着 IPO 融资方式更具吸引力），两者呈正相关。

假说 5.3b：在其他因素不变的情况下，IPO 前后固定资产之比（$\hat{k}$）越大（意味着技术创新项目第一阶段投资比例越大），IPO 融资额占融资前所持现金的百分比（ΔP）就会越小（意味着私募融资方式更具吸引力），两者呈负相关。

为方便阅读和查询，将上述假说所预测的变量之间的相关性的正负号汇总起来，见表 5 - 6。

表 5 - 6　　行业技术变革风险研究变量之间预期的相关性

	预测净利润增加百分比 $\Delta\pi$	IPO 前所属行业公司数 n^{IPO}	IPO 前后固定资产之比 $\hat{k}$
IPO 前后现金变化百分比 ΔC	+ （假说 5.1a）	− （假说 5.1b）	+/− （假说 5.2ab）
IPO 融资额占现金比例 ΔP	+ （假说 5.3a）	0	− （假说 5.3b）

以 ΔC 作为被解释变量，$\Delta\pi$、n^{IPO} 和 $\hat{k}$ 作为解释变量，进行多元线性回归分析，拟合得到的回归方程为：

$$\Delta C = \underset{(91.7905^{***})}{395.5431} + \underset{(0.1263^{**})}{0.3042}\Delta\pi - \underset{(0.4256^{**})}{1.2225}n^{IPO} - \underset{(0.9590)}{1.4310}\hat{k} + \varepsilon \qquad (5.17)$$

其中回归系数下方括号内的数字是标准误，*** 代表在 0.001 显著性水平下显著，** 代表在 0.01 显著性水平下显著。回归模型的拟合优度为 $R^2 = 0.0228$，F 统计量为 $F_{3\ 604} = 4.697$，p 值为 $p = 0.0030$，回归模型显著。

从回归方程（5.17）中 $\Delta\pi$ 与 n^{IPO} 变量的回归系数可以看出，假说 5.1a 和假说 5.1b 都得到了实证数据的支持，说明理论模型中推论得出的行业可行性先验概率和革命性创新取得成功的先验概率对于技术创新企业进行提前融资的决策的影响在我国是成立的（见假说 5.1）。

另外，从回归方程（5.17）中 $\hat{k}$ 变量的回归系数可以看出，回归系数虽然为负，但是并不显著，对于假说 5.2b 提供了一定的经验支持，但也并不能拒绝其替代性反命题假说 5.2a。这意味着技术创新项目第一阶段的投资比例对于企业进行提前融资的倾向的影响正负相抵，虽总体略微偏负，但不显著。这一结果的出现其实是合理的。因为从假说 5.2 来看，第一阶段的投资比例对于提前融资倾向的影响的正负符号是有前提的。当资本错配成本大于信号成本时，影响为正，反之影响则为负。由于变量观测条件与数据可得性的限制，本书没有办法对资本错配成本与信号成本直接进行测量并予以控制。所以一些企业的正影响与其他企业的负影响相互抵消，造成平均的影响与零没有显著区别。

接下来，换用 ΔP 作为被解释变量，仍然以 $\Delta\pi$、n^{IPO} 和 $\hat{k}$ 作为解释变量，进行多元线性回归分析，对假说 5.3a 与假说 5.3b 进行实证检验。拟合得到的回归方程为：

$$\Delta P = \underset{(133.7218^{***})}{734.0954} + \underset{(0.2283)}{0.1227}d\pi + \underset{(0.6196^{**})}{1.6724}n^{IPO} - \underset{(1.3936^{*})}{3.2129}\hat{k} + \varepsilon \qquad (5.18)$$

其中回归系数下方括号内的数字是标准误，*** 代表在 0.001 显著性水平下显著，** 代表在 0.01 显著性水平下显著。回归模型的拟合优度为 $R^2=0.0213$，F 统计量为 $F_{3\ 601}=4.358$，p 值为 $p=0.0048$，回归模型显著。

回归方程（5.18）中变量 $\Delta\pi$ 的回归系数 0.1227 为正，与假说 5.3a 相符，但统计不显著。这为假说 5.3a 提供了一定程度的经验支持，说明理论推导出的行业可行性先验概率与选择 IPO 方式进行融资的倾向呈正相关在我国是有一定事实依据的。统计不显著的原因第一有可能是因为代理变量并不完美，第二有可能是控制变量不够，第三则可能是因为样本有偏，仅局限于上市公司而没有考虑通过私募方式进行融资的企业。这些都是受限于数据可用性而无法解决的。但回归系数为正终究为假说 5.3a 的成立提供了一定程度的支持。

回归方程（5.18）中变量 n^{IPO} 的回归系数在理论上原本应该为零，但我国经验数据却显示该变量的回归系数为正（1.6724）而且统计显著，这可能是因为代理变量在其他方面的相关性而引起的。解释变量 n^{IPO} 为企业 IPO 之前所属行业的已上市的公司数，被解释变量 ΔP 为 IPO 融资超出招股前持有现金的比例，二者在其他因素相同的情况下呈正相关，很可能是因为 n^{IPO} 大的行业为热门板块，而热门板块比较容易获得大量融资从而增大 ΔP 的分母。二者正相关可能是因为代理变量包含其他信息的缘故，并没有拒绝本章的数理模型。

最后，回归方程（5.18）中的解释变量 $\hat{k}$ 的回归系数为 -3.2129，而且统计显著，支持假说 5.3b 成立。也就是说，从我国的实际数据来看，的确存在技术创新项目第一阶段投资比例越大，越倾向于选择私募融资方式而非 IPO 融资方式的现象，与本章数理模型的预期相符。

5.5 本章小结

行业技术变革风险指的是技术创新企业所采用的技术有可能被革命性创新技术所取代从而使得前期投入白费所带来的风险。行业技术变革风险的存在会影响到技术创新企业的融资决策。本章通过构造数理模型并进行分析推导，从理论上研究了一些影响企业 IPO 决策的外生因素，并推导了其影响方式。采用数理模型中的抽象变量寻找现实中的代理变量的办法，本章设计了代理变量并收集、计算了相应数据，对数理模型的诸多推论进行了实证检验。

技术创新企业通过 IPO 或私募进行融资是技术创新项目建设完成并产生现金流的必要条件。不融资就不能完成建设，也就不能获得现金流；晚融资就会晚一些完成建设，晚一些获得现金流。此外，行业是否可行、所采用的技术是否会被新的革命性的创新所取代，也都成为风险因素制约着未来现金流能否实现或事前判断实现的概率。因此，企业进行 IPO 决策时需要考虑两个成本：一是信号成本，即 IPO 行为会将行业可行的企业私有信息透漏给潜在竞争对手从而降低企业的长期利润；二是资本错配成本，即通过 IPO 方式或私募方式提前融资后，企业将面临着技术被取代从而让先期投入白费的风险。行业技术变革风险越大，资本错配成本就会越高。

基于上述机理，本章从数理模型中推导出一系列推论，概括了行业可行性先验概率、革命性创新取得成功的先验概率（即行业技术变革风险）和第一阶段投资比例等模型外生因素对是否提前融资的决策以及采用 IPO 方式还是私募方式进行融资的决策等模型内生因素所产生的影响。

通过利用代理变量进行实证研究和检验，研究结果显示本章数理模型的推论基本都得到了支持，说明在我国 IPO 市场上考虑行业技术变革风险效应是具有客观基础的。

第6章

技术创新与IPO后绩效表现

作为前几章理论分析与实证检验的进一步延伸，本章将利用前几章研究得出的结论进一步实证地讨论我国企业IPO后的长期绩效问题。

6.1 IPO后绩效及其与技术创新的关系

企业IPO后的绩效表现与许多因素有关，并且伴随着不确定性的存在，会不断地发生变化。市场需求与品位的变化、企业家的管理水平与核心人员的变动、竞争对手所采用的竞争策略与绩效表现、行业竞争格局的改变、宏观经济的增长与政策或制度的变迁，甚至自然灾害与不可抗力等因素，都会影响到企业IPO后的绩效表现。然而，在诸多因素之中，决定企业IPO后绩效的一项关键因素在于企业开展技术创新的动机或动力。

技术创新动机决定着企业资源配置的方式以及将资源转化为价值的能力。技术创新企业会把更多的资源配置在生产设备的更新换代上，会将更多的资金投入产品研发部门或用于招聘吸引优秀员工尤其是技术人才，这也往往能够让企业在相同的成本下生产出更加质优甚至价廉的产品。成功的创新通常都能够更好地满足人们对物质或服务的需要，从而极大地拓宽市场。总的来说，在其他条件相同的情况下，技术创新动机更强的企业，其IPO后的长期绩效往往会更好。

基于上述分析，本章认为企业的技术创新动机在很大程度上决定着企业IPO融资后的长期绩效。技术创新动机强的企业，IPO之后的绩效表现通常会更好；而现实中大量发生的企业IPO之后的长期绩效表现不佳的现象，则很可能是企业技术创新动力不足所导致的。

6.2 以IPO时机与特征区分企业的技术创新动机

为研究方便，本章根据企业技术创新动机强弱的不同，将企业分为技术创新企业与非技术创新企业。本章区分技术创新动机强弱的依据是企业进行IPO的时机以及进行IPO前的特征。本节首先解释用传统指标和测量方式为什么难以衡量企业的技术创新能力，然后介绍本章对此问题的解决办法。

6.2.1 IPO的时机、特征与技术创新动机

在研究技术创新的文献中，对于企业技术创新程度要么通过投入量（如研发资金投入、技术人员数量）进行衡量，要么通过产出量（如专利数、专利被引用数、新产品数量、新产品销售额等）进行衡量。通过投入量进行衡量的缺点在于未能考虑技术创新的投入产出转化比。技术创新投入量大，并不意味着技术创新成果多。这一问题在我国市场化不完全的竞争条件下尤为严重，许多企业（尤其是国有企业）存在着技术创新投入大但技术创新产出少的问题，归根结底是因为这些企业缺乏技术创新动机。

通过产出量对企业技术创新进行衡量的缺点主要体现在口径难以统一。不同行业的企业都有其各自的特点，许多企业对技术创新活动的保护并非一定要通过申请专利获取，也可以采用技术秘密和商业秘密的形式，还可以通过改进服务水平和生产工艺等方式进行。此外，专利的质量参差不齐难以进行横向比较，比如发明创造专利通常比外观设计专利质量高得多，简单的对专利数量进行统计经常不能反映企业真实的技术创新水平。专利的被引用数也可以被认为是一个好的度量指标，被引用数越多的专利，其质量通常越高。但专利要产生被引用数往往需要几年的时间甚至更长，一个高质量专利在被批准时可能完全没有引用数，因此大大降低了这一指标衡量技术创新水平的时效性和实用性。新产品数量与新产品销售额指标则不仅存在新产品难以界定的缺点，而且很多技术创新形式，如服务质量提升、生产工艺改进等，其实并不体现为新产品。

通过投入量和产出量衡量技术创新的另一个更为严重的问题在于，这些指标都只记录了企业的过往，反映的都是企业过去的技术创新活动。过去的技术创新程度高、效果好，并不会意味着将来的技术创新程度也会高、效果也会好，尤其是在经历了IPO融资这样的重大活动之后，企业的性质、股权结构与治理模式可能会出现重大变革，过去的技术创新企业在将来是否还能够继续保持技术创新是

更为重要和关键的问题，因为这是决定企业 IPO 后长期绩效的关键，但这却是上述常见的投入量与产出量指标根本无法测量的。

总之，上文讨论的各种投入量或产出量指标，就算撇开指标自身的缺陷不谈，顶多也只能够衡量企业过去的技术创新水平，而无法衡量企业现有的技术创新动机。

本书在 3 ~5 章中从技术创新的视角对企业 IPO 决策所进行的理论分析已经推导得出了一系列有关 IPO 决策的理论假说，并总结出不同特质和不同技术创新动机的企业在进行 IPO 决策时会有何不同。在本章，我们可以将上述推论反过来使用以推断企业的技术创新动机，即从企业进行 IPO 时所表现出的时机选择以及 IPO 前的企业特征来反推企业的技术创新动机。这一原理在思想上与贝叶斯分析（Bayes analysis）相同，而这也正是本书解决企业技术创新动机难以测量问题的基本思路。

根据在 3 ~5 章中分析得出的企业技术创新动机与 IPO 决策交互作用方面的结论，可以对企业技术创新动机的决定因素做出如下推断：

1. IPO 前的盈利能力（可直接观测，正相关）

由基于技术信息溢出效应的 IPO 决策模型分析可知，企业 IPO 前的盈利能力越高，其技术创新动机就越大（参见式（3.24）），也就是说，盈利能力与技术创新动机正相关。注意，在技术信息溢出效应的实证检验中，我们知道企业 IPO 前的盈利能力是可观测的。

2. IPO 融资的动机（用 IPO 前后现金变化比 ΔC 作为代理，负相关）

同样由基于技术信息溢出效应的 IPO 决策模型分析可知，企业的盈利能力越高，那么其 IPO 融资的动机就会越小（参见式（3.27）），而盈利能力高的企业技术创新动机大，因此 IPO 融资动机与技术创新动机负相关。注意，尽管 IPO 融资动机难以直接测量，但我们可以参考行业技术变革风险模型中实证检验的做法，用 IPO 前后现金变化比 ΔC 作为代理变量进行测量。

3. IPO 是否处于热销期间（可直接观测，负相关）

由基于产品市场竞争效应的 IPO 决策模型分析可知，热销期间进行 IPO 的企业有许多是并不需要通过 IPO 为技术创新融资的企业，其进行 IPO 的目的仅仅是为了保护市场份额（假说 4.2，假说 4.3）；而在非热销期间进行 IPO 的企业，则一定是为技术创新进行融资的企业。因此在热销期间进行 IPO 的企业，平均来讲，技术创新动机相对较小，也就是说，热销期间进行 IPO 与技术创新动机负相关。注意，产品市场竞争效应模型的实证检验结果告诉我们企业是否在热销期间进行 IPO 是可观测的。

4. IPO 在热销期内的早晚排序（可观测，负相关）

同样由基于产品市场竞争效应的 IPO 决策模型分析可知，热销期内进行 IPO 的企业中，先进行 IPO 的一定是为技术创新而融资的企业，后进行 IPO 的则往往是为保护市场份额而融资的企业（假说 4.4，假说 4.5）。因此，先进行 IPO 的企业技术创新动机较强，后进行 IPO 的企业技术创新动机较弱。由此可知，IPO 在热销期内的早晚排序会与技术创新动机呈负相关（IPO 越早排序值越小）。注意，产品市场竞争效应模型的实证检验结果告诉我们 IPO 在热销期内的排序也是可观测的。

5. 行业可行性先验概率（用预测净利润增加百分比 $\Delta\pi$ 作为代理，负相关）

由基于行业技术变革风险的 IPO 决策模型分析可知，行业可行性的先验概率越大，提前融资的吸引力就越大（假说 5.1）。而提前融资动机与技术创新动机呈负相关，所以行业可行性的先验概率会与技术创新动机呈负相关。另外，该模型还推导出行业可行性的先验概率越大，IPO 融资方式就会更具吸引力（假说 5.3）。而 IPO 融资动机与技术创新动机呈负相关，所以，进一步增加了行业可行性先验概率与技术创新负相关的理由。注意，行业可行性先验概率虽然不能够直接观测，但我们可以参考行业技术变革风险模型中实证检验的做法，用预测净利润增加百分比 $\Delta\pi$ 作为代理进行测量。

6. 革命性创新取得成功的先验概率（用 IPO 前所属行业公司数 n^{IPO} 作为代理，正相关）

同样由基于产品市场竞争效应的 IPO 决策模型分析可知，革命性创新取得成功的先验概率越大，提前融资的吸引力就越小（命题 5.1）。同上，由于提前融资动机与技术创新动机呈负相关，所以革命性创新取得成功的先验概率会与技术创新动机呈正相关。注意，革命性创新取得成功的先验概率同样不能够直接观测，我们也可以参考行业技术变革风险模型中实证检验的做法，用 IPO 前所属行业公司数 n^{IPO} 作为代理进行测量。

7. 第一阶段建设的投资比例（用 IPO 前后固定资产之比 $\hat{k}$ 作为代理，正相关）

同样通过基于产品市场竞争效应的 IPO 决策模型分析可知，技术创新项目第一阶段建设的投资比例越小，IPO 的融资方式就会越具吸引力（命题 5.2），二者负相关。而 IPO 融资动机与技术创新动机亦呈负相关，所以第一阶段建设的投资比例应该与技术创新动机呈正相关。注意，企业技术创新项目第一阶段建设的投资比例通常很难测量，我们也可以参考行业技术变革风险模型中实证检验的做法，用 IPO 前后固定资产之比 $\hat{k}$ 作为代理进行测量。

6.2.2　技术创新动机的决定因素及其测量

尽管企业技术创新的动机难以测量，但根据本书 3 ~ 5 章的理论分析与实证检验，结合上文的归纳总结，可以明确地识别出 7 项企业技术创新动机的决定因素，并且能够实证地对这些决定因素进行测量，从而达到间接推断企业技术创新动机的目的。为方便参考，7 项技术创新动机的决定因素及其测量方法汇总在表 6 - 1。

表 6 - 1　　企业技术创新动机的决定因素及其测量方法

决定因素	影响	原理	测量方法
IPO 前的盈利能力	+	3.3 节式（3.24）	可直接观测
IPO 融资动机	-	3.3 节式（3.27）	IPO 前后现金变化比 ΔC
IPO 是否处于热销期间	-	4.3 节假说 4.2、4.3	可直接观测
IPO 在热销期间内排序	-	4.3 节假说 4.4、4.5	可直接观测
行业可行性的先验概率	-	5.3 节命题 5.3、5.5	预测净利润增加百分比 $\Delta\pi$
革命性创新成功先验概率	+	5.3 节命题 5.3	IPO 前所属行业公司数 n^{IPO}
第一阶段建设投资比例	+	5.3 节命题 5.5	IPO 前后固定资产之比 $\hat{k}$

根据上述 7 项决定因素对企业技术创新动机的影响，也可以推导出 7 项决定因素相互之间的相关关系。由于 7 项决定因素均可测量，因此这些相关关系都可以用中国的实际数据进行验证。比如，由于 IPO 前盈利能力与技术创新动机正相关，并且 IPO 融资动机与技术创新动机负相关，便可推出 IPO 前盈利能力与 IPO 融资动机负相关，这一相关关系可以通过企业 IPO 前盈利能力的数据与 IPO 前后现金变化比 ΔC 的数据之间的相关系数进行实证检验。其他推论及其检验方法与此类似。由此便可得出 7 项决定因素之间的相关关系表，见表 6 - 2。

表 6－2　　技术创新动机决定因素之间的理论相关关系

序号	决定因素	1	2	3	4	5	6	7
1	IPO 前的盈利能力	1						
2	IPO 融资动机	−	1					
3	IPO 是否处于热销期间	−	+	1				
4	IPO 在热销期间内排序	−	+	+	1			
5	行业可行性的先验概率	−	+	+	+	1		
6	革命性创新成功先验概率	+	−	−	−	−	1	
7	第一阶段建设投资比例	+	−	−	−	−	+	1

表 6－2 的相关关系矩阵可通过中国的实际数据进行实证检验。检验结果与表 6－2 的符合程度可以作为本节提出的技术创新动机测量方法的佐证。

6.2.3　技术创新动机综合评价指标

综合上述 7 项技术创新动机的决定因素，可以据此编制一项技术创新动机综合评价指标，从而对不同企业的技术创新动机进行定量比较。

本节采用最简单的办法来编制综合评价指标，即将 7 项技术创新动机决定因素的标准化得分之和作为综合评价指标，即

$$M = \sum_{k=1}^{7} Z_k \tag{6.1}$$

其中 M 为企业的技术创新动机综合评价指标，Z_k 为企业技术创新动机的第 k 项决定因素标准化之后的得分，$k \in \{1, 2, \cdots, 7\}$，见表 6－1 和表 6－2。标准化得分 Z_k 的最小值为 0，最大值为 1，标准化的具体方法为取该项决定因素在样本中的排序。对于与技术创新动机正相关的决定因素，按升序排列，排列序号越大者得分越高；对于与技术创新动机负相关的决定因素，按降序排列，排列序号越大者得分越高。

由此计算得出的技术创新动机综合评价指标，综合了 7 项技术创新动机决定因素的标准化得分，能够综合的体现企业的技术创新动机强弱。

6.3 IPO 后绩效表现的测量

企业 IPO 后的绩效表现可以从三个方面进行测量：财务绩效、市场绩效与存

活绩效。现分述如下：

6.3.1　财务绩效及其测量

财务绩效衡量的是企业战略及其施行是否正在为最终的经营业绩做出贡献。财务管理学家们通常从四个方面衡量财务绩效，分别为：

1. 盈利能力

常用的盈利能力评价指标包括总资产报酬率（return on assets，ROA）、净资产报酬率（return on equity，ROE）、每股收益（earnings per share，EPS）、经济增加值（economic value added，EVA）、销售额（或利润）增长率等。这些指标要么反映了企业资本的收益能力，要么反映了企业收益的增长能力。

2. 营运能力

常用的营运能力评价指标包括存货周转率、应收账款周转率以及固定资产周转率。简单来讲，这些指标反映了企业会不会做生意，能否有效地利用企业的资源，能否促进企业加强资产管理、提高资产使用率。

3. 偿债能力

常用的偿债能力评价指标有资产负债率、流动比率以及速动比率。这些指标反映了企业利用财务杠杆赚取收益的能力以及企业运营中所承担的财务风险。这些指标既是企业经济实力的体现，也是企业财务健康状况的体现。

4. 抗风险能力

抗风险能力没有固定的评价指标，通常是从抵抗经营风险与抵抗财务风险两方面去设置，主要指企业抵御经营中各种不确定因素所带来的不利影响的能力。

就本章研究来说，企业的财务绩效最终还是表现在盈利能力上，所以本章将采用盈利能力指标来测量企业的财务绩效。在盈利能力指标中，EVA 的计算由于涉及到股权资本和债务资本的机会成本，并不容易确切计算，所以本章不使用这一概念；增长率类的指标对本章研究也并不合适，因为对于 IPO 后长期绩效表现来说，盈利能力的水平更为合适；每股收益的概念也许更适合股票投资者，但并不适合研究企业整体，因为当企业增发股票时，利润并不变，但每股收益却会降低。所以，综合上述各种考虑，本章使用的是净资产收益率（ROE）来测量企业的财务绩效。

6.3.2 市场绩效及其测量

市场绩效是指金融市场对上市公司价值的评价，一般可以用企业的股价来测量。但影响企业股价的并非仅限于企业的经营绩效本身。比如著名的资本资产定价模型（capital asset pricing model，CAPM）指出，企业 i 的股价变动率 r_i 取决于无风险利率 r_f、市场指数的变化率 r_m 以及企业与市场的相关性系数 β_{im}：

$$r_i = r_f + \beta_{im}(r_m - r_f) + \varepsilon_i \tag{6.2}$$

其中 ε_i 为企业 i 股价变动率的其他不确定因素。

直观来看，影响股价的除了有企业自身的经营绩效、行业所处的地位、主力机构的持股比例、分红变化、增资、减资、未来业绩预测、合并与收购等个别因素之外，还有诸多一般因素如政治、社会形势、社会大事件、突发性事件、金融政策、财政政策、汇率、物价以及预期的“信息”甚至无中生有的“消息”等。因此单纯使用股价作为企业市场绩效的衡量标准无形之中会受到其他复杂因素的影响，并不能准确反映企业的经营绩效。

如果认为股票指数能够代表各种一般因素对所有股票的平均影响，那么个股回报率与股指回报率的差值就可以代表企业的个别因素对股价的影响。事实上，许多投资者计算股票真实涨跌的一项标准就是“赛过大盘”，即个股回报率与股指回报率之差。

综上分析，本章考察企业 IPO 后的市场绩效时，将为每只企业股票编制“赛过大盘价格指数”，即以 IPO 当日收盘价为基期价格，当日指数记为 100 点，随后股票价格回报率超过股指回报率的部分作为指数的增长率，推算每一天的指数数值，用数学公式表达为

$$p_{it} = 100 \times \prod_{\tau=0}^{t}(r_{i\tau} - r_{m\tau}) \tag{6.3}$$

或递归地表达为

$$p_{it} = p_{i,t-1}(r_{it} - r_{mt}) \tag{6.4}$$

6.3.3 存活绩效及其测量

上市公司的存活期是指企业经过 IPO 成为上市公司之后到退市或被兼并收购之前的阶段。中国股市目前的退市制度尚不够健全，当前的要求是若企业连续 3 年亏损就要暂停上市，但暂时保留交易代码和上市资格。若之后的 6 个月内仍然继续亏损，就要面临退市处理。这种情况下上市公司被监管部门强行吊销上市许

可证，属于被动性的退市。目前中国已经被终止上市的公司有 12 家，分别是 PT 水仙、PT 中浩、PT 粤金曼、PT 金田、ST 中侨、PT 南洋、ST 九州、ST 海洋、ST 银山、ST 宏业、ST 生态和 ST 鞍一工。

另一种情况是公司根据股东大会和董事会决议主动向监管部门申请注销上市许可证，这属于主动性退市。一般公司选择主动退市有如下原因：营业期限届满，股东大会决定不再延续；股东会决定解散；因合并或分立需要解散；破产；根据市场需要调整结构和布局。

在我国，所有已退市的上市公司都是属于被动性退市，尚没有主动退市的企业。即使有企业希望主动退市，也会选择通过并购的方式转让相对稀缺的“壳资源”，从而将上市资格转让给其他企业。

所以本章研究在测量上市公司存活绩效时，不宜简单地将被动退市作为上市公司存活的终点，而是需要考虑到暂停上市与转让“壳资源”等情况，可以将非正常交易出现 ST 等情况作为上市公司存活的终点。因为在此种情况下，企业经营绩效严重低下，随时面临被动退市的可能，股价（或市盈率）通常也处于非常低的区间，很容易被竞争对手恶意收购或通过谈判达成重组，将自己的“壳资源”转让。

6.4 数据来源与统计描述

本节介绍本章实证研究的数据来源，并对原始数据与计算得到的研究变量进行描述统计。

6.4.1 数据来源

本章研究所用数据全部由国泰安（gtarsc. com）提供，但分布在各个不同数据库中。与企业 IPO 信息及 IPO 前财务状况有关的各项数据来自于《中国上市公司首次公开发行研究数据库》，与公司上市后的财务信息有关的各项数据来自于《CSMAR 中国上市公司财务报表数据库》，涉及到 IPO 后上市交易与交易状态的有关数据则来自于《CSMAR 中国股票市场交易数据库》。

本章研究所用多项变量的来源与计算已经在前面第 3 章、第 4 章与第 5 章的实证研究中进行过论述，本章方法与前文相同，在此不再赘述。

6.4.2 企业技术创新动机决定因素的统计描述

经过计算和筛选之后，共 608 家上市公司具有全部可用数据。在表 6－3 中对企业技术创新动机各项决定因素的相关数据进行了统计描述。

表 6－3 IPO 企业技术创新动机决定因素统计描述

决定因素	最小值	均值	最大值	标准差
IPO 前的盈利能力	0.0311	0.2603	1.1575	0.1039
IPO 提前融资动机	－89.7700	417.2600	5 001.4200	531.4900
IPO 是否处于热销期间	0.0000	0.4852	1.0000	0.5002
IPO 在热销期间内排序	1.0000	126.0000	313.0000	85.6381
行业可行性的先验概率	－97.5100	160.1700	1 291.5500	139.3405
革命性创新成功先验概率	1.0000	69.7400	206.0000	50.5823
第一阶段建设投资比例	4.0380	78.4550	154.8870	22.5547

IPO 前的盈利能力通过净资产回报率（ROE）来衡量，反映上市前企业每单位净资产创造净利润的能力。在样本企业中，盈利能力均值为 0.2603，即 26.03%，标准差为 0.1039，即 10.39%。盈利能力最小值为 3.11%，最大值高达 115%。

IPO 提前融资动机用 IPO 前后现金变化比 ΔC 来衡量，即 IPO 后持有的现金越多，越说明该公司是在并不需要融资的情况下提前进行了融资。该指标单位为百分比，均值为 417.26%，标准差为 531.49%，最小值为 －89.77%，最大值高达 5001.42%。

IPO 是否处于热销期间是一个虚拟变量，根据 4.4.1 节的定义，处于 2007 年 7 月至 2008 年 1 月和 2009 年 12 月至 2011 年 2 月之间进行 IPO 上市的企业被认为是处于热销期间（虚拟变量取 1），否则便被认为是处于非热销期间（虚拟变量取 0）。该变量最小值为 0，最大值为 1，均值 0.4852 意味着大约一半企业处于热销期，另一半企业处于非热销期，标准差为 0.5002。

IPO 在热销期间内的排序是根据企业 IPO 招股日期计算得出。招股日若落在热销期间，则计算其在该热销期间内的排序。该变量取值均为整数，最小值为 1（最早 IPO），最大值为 313（在 312 个企业之后 IPO），均值为 126，标准差为 85.6381。

行业可行性的先验概率用企业 IPO 时发布的预测财务报表中公布预测净利润增加百分比 $\Delta\pi$ 测量，其计算公式见 5.4.1 节的（5.15）式。该变量单位为百分比，均值为 160.17%，标准差为 139.34%，最小值为 −97.51%，最大值高达 1291.55%。

革命性创新取得成功的先验概率通过企业 IPO 之前所属行业的公司数 n^{IPO} 进行测量。该变量取值为整数，最小值是 1，最大值是 206，均值为 69.74，标准差为 50.5823。

第一阶段建设投资比例指标通过企业 IPO 前后固定资产之比 $\hat{k}$ 进行测量。该变量单位为百分比，均值是 78.455%，标准差是 22.5547%，最小值为 4.038%，最大值为 154.887%。

6.4.3　企业技术创新动机评价指标的统计描述

上节中我们对用于计算企业技术创新动机综合评价指标的 7 项决定因素进行了描述性统计。在本小节，我们将按照技术创新动机的决定因素及其测量中讨论的方法，根据 7 项决定因素数值计算得出的企业技术创新动机综合评价指标，其统计描述如下，见表 6−4。

表 6−4　　IPO 企业技术创新动机综合评价指标的统计描述

样本	观测数	最小值	Q1	均值	Q3	最大值	标准差
全部	608	0.9044	2.7480	3.2450	3.7280	5.3493	0.7261
2005	3	3.7496	4.0684	4.3383	4.6326	4.8781	0.5658
2006	93	1.6260	3.1301	3.5625	4.0725	5.3493	0.7481
2007	54	2.5750	3.3110	3.6999	4.0593	5.1269	0.5709
2008	69	2.0016	2.8204	3.1785	3.5272	4.6804	0.5017
2009	196	0.9044	2.3756	2.8262	3.3068	4.4827	0.6819
2010	125	2.1318	2.9786	3.4661	3.8533	4.9654	0.6270
2011	68	1.9851	2.8661	3.2705	3.6783	5.0000	0.6590

可以看到，全体样本包括在 2005 ~ 2011 年间上市的共 608 家企业。根据式（6.1）计算得出的技术创新动机综合评价指标，其取值范围应该在 0 ~ 7 之间。在全部样本中，该指标最小值为 0.9044，最大值为 5.3493，均值为 3.2450。按 IPO 年度将总样本划分为 2005 ~ 2011 年 7 个子样本，从历年该指标的均值变化可

以看出，我国IPO企业的技术创新动机大致经历了一个由高转低又重新升高的过程。2005年技术创新动机指标的均值高达4.3383，接下来几年逐渐降低，到2009年达到低谷水平2.8262。之后的2010年和2011年又有所回升，技术创新动机指标分别为3.4661和3.2705。

6.4.4 IPO后绩效表现指标的统计描述

608家样本企业在IPO后的绩效表现都有各自的一套长短不等的时间序列数据，构成一套庞大的不平衡面板（unbalanced panel）数据。由于IPO后绩效表现存在财务绩效、市场绩效以及存活绩效三种不同的测量方式，便会产生三套庞大的不平衡面板数据。在此，为节约篇幅，我们只简单地对三套面板数据分别做出统计描述。

（1）IPO后财务绩效统计描述见表6-5。该数据是根据企业IPO后每季度发布的财务报表计算得出的净资产收益率（ROE），单位为1。从均值可以看出，样本企业历年ROE平均来看呈递减趋势，由2007年的平均13.68%逐年递减至2014年的平均5.95%。在本章研究中，样本IPO企业是固定的608家，每个企业IPO后每季度均发布一份财务报表。因此在表6-5中，越早进行IPO的企业其发布的财务报表就越多，所以可以看到历年财务绩效观测数逐渐上升的现象。由于越晚的年度包含早期IPO企业的比例越大，而从表6-5可以看到越晚的年度平均财务绩效越低，这说明，是早期IPO企业在随后年度的财务绩效逐渐降低，拉低了晚期年度的平均水平。这一事实符合许多实证研究所发现的IPO长期弱势现象。

表6-5　IPO后企业财务绩效面板数据的统计描述

样本	观测数	最小值	Q1	均值	Q3	最大值	标准差
全部	10 189	-1.4390	0.0464	0.0904	0.1314	5.3870	0.1039
2007	189	-0.0150	0.0987	0.1368	0.1639	0.4704	0.0644
2008	526	-0.5611	0.0699	0.1190	0.1669	0.5697	0.1020
2009	691	-0.2635	0.0481	0.0993	0.1534	0.4843	0.0894
2010	1 301	-0.1601	0.0646	0.1072	0.1394	0.5327	0.0717
2011	1 936	-1.0905	0.0626	0.1024	0.1359	0.6725	0.0850
2012	2 346	-1.4389	0.0437	0.0836	0.1229	0.7306	0.0867
2013	2 432	-1.1463	0.0323	0.0756	0.1186	5.3868	0.1451
2014	768	-0.7977	0.0168	0.0595	0.0982	0.8287	0.0872

（2）IPO 后市场绩效的统计描述见表 6－6。该数据为企业 IPO 后每日股价回报率减去沪深 300 指数回报率的差额，单位为 1。从均值可以看出，样本企业历年超额回报率在 2007 年存在一个牛市时期，平均每日超额回报率高达 2.42%。2008 年、2009 年和 2010 年间的超额回报率接近于零但略大，分别为 0.26%，0.19% 和 0.24%。2011 年和 2012 年超额回报率仍然接近于零但略小，成为负值，分别是 －0.03% 和 －0.01%。2013 年和 2014 年超额回报率又成为正值，分别为 0.15% 和 0.12%。

表 6－6　　IPO 后企业市场绩效面板数据的统计描述

样本	观测数	最小值	Q1	均值	Q3	最大值	标准差
全部	621 701	－0.2696	－0.0121	0.0013	0.0113	6.2640	0.0438
2007	8 024	－0.1516	－0.0206	0.0242	0.0163	5.3446	0.2633
2008	30 105	－0.1648	－0.0172	0.0026	0.0165	3.4895	0.0560
2009	39 106	－0.1243	－0.0162	0.0019	0.0142	2.0699	0.0411
2010	71 658	－0.1268	－0.0129	0.0024	0.0139	3.0772	0.0461
2011	111 869	－0.2166	－0.0116	－0.0003	0.0092	1.4895	0.0247
2012	138 426	－0.2695	－0.0108	－0.0001	0.0092	6.2635	0.0291
2013	140 424	－0.2266	－0.0117	0.0015	0.0124	0.1634	0.0244
2014	82 089	－0.1214	－0.0109	0.0012	0.0112	0.1328	0.0237

（3）IPO 后存活绩效的统计描述见表 6－7。该数据为企业 IPO 后是否正常交易的虚拟变量。若正常交易，则对应观测值为 1，若不是正常交易，出现如 ST 或 * ST 的状态，则认为不再存活，对应观测值为 0。可以看到，样本企业绝大多数都处于存活状态，全部样本中，99.64% 的观测值是存活状态。但从历年子样本的统计描述也可以看出，存活数量呈历年减少的态势。2007 ~ 2010 年间，IPO 企业 100% 存活。从 2011 年起，IPO 企业的存活量开始降低，从 99.86% 开始，逐年下降至 98.91%。

表 6－7　　IPO 后企业存活绩效面板数据的统计描述

样本	观测数	最小值	Q1	均值	Q3	最大值	标准差
全部	621 701	0	1	0.9964	1	1	0.0598
2007	8 024	1	1	1.0000	1	1	0.0000

续表

样本	观测数	最小值	Q1	均值	Q3	最大值	标准差
2008	30 105	1	1	1.0000	1	1	0.0000
2009	39 106	1	1	1.0000	1	1	0.0000
2010	71 658	1	1	1.0000	1	1	0.0000
2011	111 869	0	1	0.9986	1	1	0.0368
2012	138 426	0	1	0.9983	1	1	0.0408
2013	140 424	0	1	0.9932	1	1	0.0824
2014	82 089	0	1	0.9891	1	1	0.1037

6.5 技术创新企业与非技术创新企业IPO后的绩效比较

根据前文的研究，本节将样本企业中技术创新动机评价指标按从大到小的顺序排序，排名靠前25%的企业被定义为技术创新企业，排名靠后25%的企业被定义为非技术创新企业。

不同企业的IPO时间并不相同，这导致其IPO后绩效表现具有不同的时间起点。本章采取的办法是以IPO时间为起点，计算IPO之后经历的天数，将经历相同天数的IPO后绩效数据取平均进行汇总。这样做的好处是在求平均的过程中可以在很大程度上让其他宏观及行业因素对IPO后绩效表现所产生的影响相互抵消，从而避免内生性问题。

接下来汇报汇总平均过后的IPO后绩效表现数据，将技术创新企业与非技术创新企业的IPO后绩效表现进行对比。

6.5.1 财务绩效的比较

企业IPO后的财务绩效通过净资产回报率（ROE）季度数据来测量。我们分别对技术创新企业和非技术创新企业IPO之后的ROE求平均值，其结果对比见图6-1。

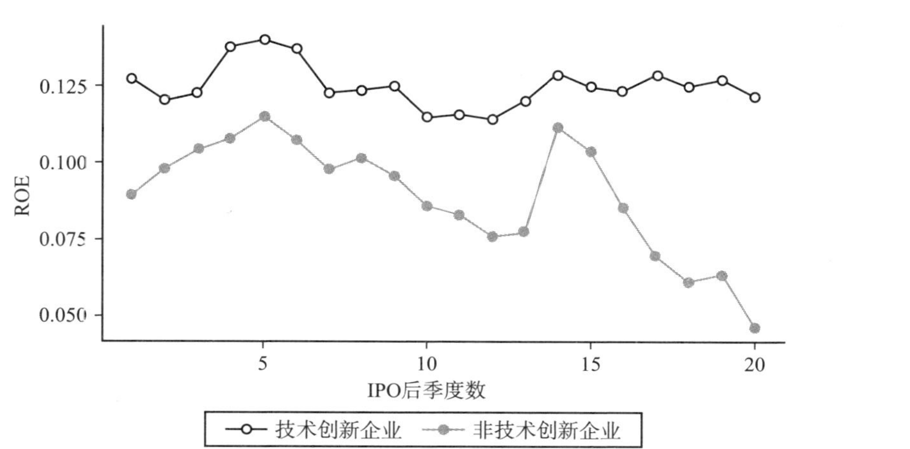

图 6－1　技术创新企业与非技术创新企业 IPO 后财务绩效的比较

从图 6－1 可以很明显地看出，根据本文提出的技术创新动机评价指标进行区分的技术创新企业与非技术创新企业相比，前者 IPO 后的财务绩效显著高于后者。此外，非技术创新企业的长期财务绩效有逐年下降的趋势，而技术创新企业则没有，这说明 IPO 时技术创新动机强的企业在上市后仍将够保持良好业绩，而技术创新动机弱的企业上市后则不能保持良好业绩。

6.5.2　市场绩效的比较

企业 IPO 后的市场绩效通过上市公司股票与沪深 300 指数回报率的差额（称为超额回报率）来测量，若为正数则说明其表现“赛过大盘”。以上市后的时间为依据分组，分别对技术创新企业与非技术创新企业 IPO 后的超额回报率计算平均值，其对比结果见图 6－2。

由于数据量太大，为了方便图形展示，在图 6－2 中每隔 30 天显示一个数据点。通过仔细观察可以看出，技术创新企业与非技术创新企业 IPO 后市场绩效的区别主要有两处：第一，技术创新企业超额回报率的正值超过负值，出现正值的概率较大，正值的幅度也比负值的幅度更大，这意味着技术创新企业长期的市场表现看涨；第二，非技术创新企业超额回报率的正值与负值大致相当，正值出现的概率与负值出现的概率大致相同，并且正值与负值的幅度都明显大于技术创新企业的超额回报率幅度，这意味着非技术创新企业的长期市场表现并不看涨，并且伴随着较大的风险。

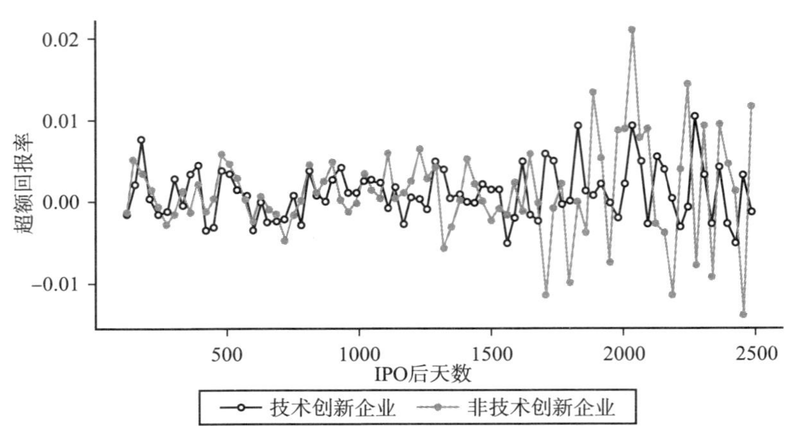

图 6-2 技术创新企业与非技术创新企业 IPO 后市场绩效的比较

6.5.3 存活绩效的比较

企业 IPO 后的存活绩效是通过其交易状态是否变为 ST 或 * ST 来进行测量的。若处于正常交易，那么便认为该企业“存活”，若不处于非正常交易阶段，那么便认为该企业暂时“死亡”。以 IPO 后的时间分组，分别计算技术创新企业的存活比例与非技术创新企业的存活比例，并进行对比，结果见图 6-3。

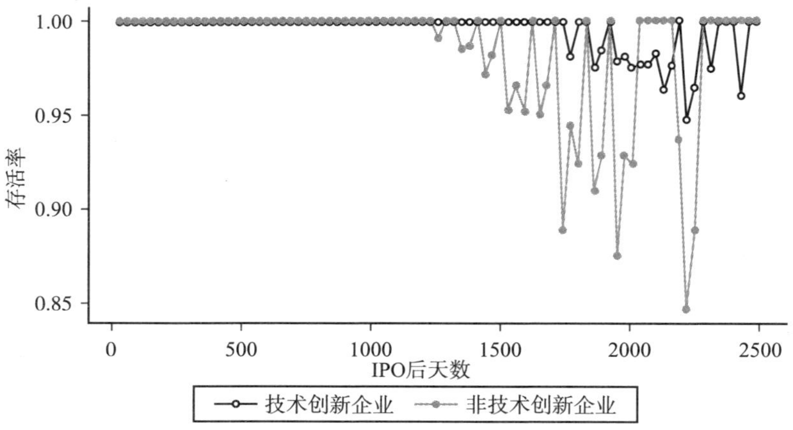

图 6-3 技术创新企业与非技术创新企业 IPO 后存活绩效的比较

从图 6-3 的对比可以轻松看出，技术创新企业与非技术创新企业 IPO 后的存活绩效具有明显差异：第一，非技术创新企业的“死亡”现象出现更早，IPO

后 1 200 天便开始出现“死亡”，而技术创新企业在 IPO 后 1 700 天才出现首例“死亡”。这说明技术创新企业的存活时间比非技术创新企业要长；第二，非技术创新企业“死亡”的比例明显大于技术创新企业。非技术创新企业的存活比例最低时甚至低于 85%，而技术创新企业的存活比例能够始终保持在 95% 以上。这说明技术创新企业的存活质量要明显高于非技术创新企业。

6.6 本章小结

企业 IPO 后的长期绩效表现一直是一个人们十分关心的话题，而本章对这一问题进行了创新性的研究。

基于技术创新视角下企业 IPO 决策的深入研究，本章归纳汇总了技术创新与企业 IPO 后绩效的理论关系，认为 IPO 前企业的技术创新动机不同，IPO 后企业的长期绩效表现也会不同，技术创新动机强的企业 IPO 后长期绩效表现应该会更好，而技术创新动机不强的企业在 IPO 后应该会出现长期弱势。

检验这一假说的关键在于对企业的技术创新动机进行定量测量。现有的常用测量方法要么统计口径难以统一，要么只能测量企业过去的技术创新水平。IPO 是企业的一项重大活动，很多技术创新企业在 IPO 后往往不能保持其技术创新的动力，所以这给技术创新动机的测量提出了巨大的挑战。本章从理论上识别出了 7 项可以测量的企业技术创新动机决定因素，并据此编制了企业技术创新动机评价指标，为这一问题的解决提供了一个有效的思路。

实证研究表明，本章提出的技术创新动机评价指标能够有效地将技术创新企业与非技术创新企业区别开来，两者的 IPO 后长期绩效存在明显的不同：技术创新企业 IPO 后的财务绩效长期高于非技术创新企业，而且不像后者那样存在长期衰弱的特征；技术创新企业 IPO 后的市场绩效也优于非技术创新企业，其股价的超额回报率不仅更多为正意味着更多上涨，而且回报率波动的幅度也小于后者，意味着其风险显著地小于非技术创新企业；IPO 后的存活绩效也在技术创新企业与非技术创新企业之间存在明显差异。技术创新企业存活时间更久，且存活比例大大高于非技术创新企业。

这些经验证据表明，本章提出的技术创新动机评价指标能够有效地在事前区分优质企业与劣质企业，能够有效识别企业的技术创新动机，同时也从另一个侧面再次为本研究的企业 IPO 决策机制提供了经验证据上的有力支持。

第 7 章

政策建议与研究展望

由于本书在微观机制上深入研究了企业进行 IPO 融资决策的内在机理，并从中国的现实数据中找到了支持本书理论分析的经验证据，所以基于本书理论和实证分析所提出的具体有效的政策建议可以为资本市场监管者和施政者提供有力参考。另外，本书的不足、局限性以及未来研究的方向也将在最后进行讨论。

7.1 政策建议

本节将首先对本研究得出的一些主要结论进行归纳，然后根据结论提出相关的政策建议。

7.1.1 研究得出的主要结论

本书以技术创新为研究视角，从技术信息溢出效应、产品市场竞争效应和行业技术变革风险这三个最主要的机制入手，从理论上研究了技术创新与企业融资决策之间的关系，并采用中国的实际数据进行了实证检验。

根据数理模型推导得出并得到实证数据支持的主要结论可以分为两个方面：其一是关于企业的融资决策，其二是关于企业的技术创新动机。企业融资决策的有关结论分述如下：

第一，由于 IPO 的信息披露制度会暴露企业的关键技术信息，从而缩短企业通过技术创新所享有的相对竞争优势时期，所以高盈利能力企业会更倾向于选择私募等其他较晚泄密的融资方式，因为对于高盈利能力企业而言，技术信息溢出所造成的成本更大。而积极寻求 IPO 的企业反倒是盈利能力低下、更看重低成本融资的企业。

第二，由于我国现实中有 IPO 有助于提高企业市场份额的效果存在（即产品市场竞争效应），导致技术创新企业出于争夺市场的考虑而具有提前融资的冲动，这也会使得原本并不需要融资的非技术创新企业出于保护市场份额的考虑而具有跟风融资的冲动。跟风上市的企业不仅扭曲了正常的市场机制，而且影响了 IPO 市场正常融资功能与股票市场资源配置功能的发挥。在热销期间进行 IPO 的企业往往“龙蛇混杂”，既有技术创新企业，又有非技术创新企业；而在非热销期间进行 IPO 的企业则一定是技术创新企业，不会是非技术创新企业。在热销期内进行 IPO 的各种企业中，首先进行 IPO 的通常都是技术创新企业，而非技术创新企业往往尾随在后跟风进行 IPO 融资。

第三，企业的技术创新行为面临着两大不确定性：其一是技术创新本身可能不可行（即行业可行性），其二是企业所进行的技术创新投入有可能会被革命性新技术所取代而造成白费（即行业技术变革风险）。这两大风险以及技术本身所决定的先期投入（IPO 融资前）与后期投入（IPO 融资）的占比情况，对企业是否提前融资以及提前融资是采取 IPO 形式还是私募等其他形式具有深刻影响。行业技术创新的潜在利润空间越大、越可行，就会越吸引技术创新企业提前进行融资，以便尽早将技术创新项目建设完毕以获取利润，但同时也增加了自身和市场的风险敞口。类似但相反地，行业变化越快，革命性的新技术越层出不穷，越会降低企业提前融资的冲动。行业技术创新的可行性越高，在企业决定提前融资的情况下，企业越倾向于选择 IPO 融资，因为此情况下资本错配的成本较低，IPO 融资方式的低成本更有吸引力。类似地，IPO 前的投资比例越小，IPO 融资越更有吸引力，因为这种情况下资本错配成本更小。

上述三点结论归纳总结了本研究得出的影响企业 IPO 融资决策的关键因素及其机制。而根据上述结论做反向推断，我们可以根据企业 IPO 时或 IPO 前的特征，来推断企业的技术创新动机。这方面的主要结论包括：

第一，IPO 前企业的盈利能力越高，IPO 后从事技术创新的动机就越大。

第二，IPO 提前融资的迹象越明显，IPO 后从事技术创新的动机就越小。

第三，企业若选择在 IPO 热销期间进行 IPO，则其在 IPO 之后从事技术创新的动机与可能性比较小。

第四，企业在热销期间内越早进行 IPO，其在 IPO 之后从事技术创新的动机与可能性越大。

第五，技术创新的潜在利润空间越大、可行性越高，企业提前进行 IPO 的动机就越强，从而致使 IPO 之后继续进行技术创新的动机反而越小。

第六，行业变革越频繁、革命性创新越容易取得成功，提前进行 IPO 的动机越弱，仍然选择 IPO 融资的企业在 IPO 之后继续进行技术创新的动机越大。

第七，IPO 前技术创新企业的资本投入越大，沉没成本就越高，资本错配风险越大，企业就越不倾向于选择 IPO 融资方式，因此选择 IPO 的企业在 IPO 之后继续进行技术创新的动机就越大。

在这些分析的基础上，根据上述影响企业技术创新动机的7项决定因素，本书构建了企业技术创新动机评价综合指标，从而为技术创新企业与非技术创新企业的划分提供了依据。通过对比技术创新企业与非技术创新企业在IPO之后的长期绩效，我们发现实证数据很好地支持了本书观点，并在中国IPO市场上发现了以下现象的存在：

第一，技术创新企业IPO后的财务绩效显著高于非技术创新企业，随着时间的推移，技术创新企业IPO后财务绩效并不衰败，但非技术创新企业IPO后的长期财务绩效存在着逐渐衰败的趋势。

第二，技术创新企业IPO后的市场绩效平均优于非技术创新企业，超额回报率（涨幅超过大盘）大多数为正，非技术创新企业的超额回报率平均为零，且其超额回报率的波动远大于技术创新企业，意味着更高的风险。

第三，技术创新企业在IPO后的存活时间长于非技术创新企业，且长期的存活率很高，相反非技术创新企业IPO后的存活时间较短，且存活率较低。

7.1.2 规范IPO市场以支持与鼓励技术创新的建议

从支持与鼓励我国企业开展技术创新的角度来说，IPO市场相关政策的宗旨应该在于更多地允许技术创新企业进行IPO融资。

企业在IPO招股时一般都会说明融资用途，会向投资者承诺募集资金将用于特定新项目的建设，预期回报率范围等。但经常令监管者和施政者头疼不已的是企业的时间不一致（time inconsistent）行为，即IPO前的诸多承诺在IPO之后并无法兑现。

本书通过对企业技术创新动机的决定因素进行研究试图找到解决这一问题的办法。通过对企业IPO融资决策的深入考察，我们能够根据企业在IPO时或IPO前的各方面特征来判断企业IPO后的技术创新动机强弱。这一判断即有数理模型的理论保证，又有中国实际数据的经验支持。具体而言，IPO市场应该允许和鼓励具有以下条件的申请企业开展IPO融资：

第一，IPO前盈利能力高的企业。

尽管3.4节的实证研究表明我国企业IPO前由于盈余管理现象的普遍存在，导致报告的盈利水平通常要比实际盈利水平高，但相对而言，盈利能力更高的企业仍然应该是技术创新动机更强的企业（见本书3.3节理论分析）。所以，监管者应该允许和鼓励高盈利能力企业进行IPO，因为在其他条件相同的情况下，这些企业的技术创新动机要比其他企业更强，鼓励这些企业融资将有助于提高上市公司质量，从而促进产业升级和我国宏观经济的长期增长。

第二，在非热销期间申请 IPO 上市的企业。

根据本书第 4 章的研究，在非热销期间申请进行 IPO 的企业应该都是技术创新动机更强的企业。这些企业通过 IPO 获得的融资都将用于技术创新项目的建设，能够把投资者的资金用到实处去。鼓励这样的企业进行 IPO，才能够正常发挥 IPO 市场的融资功能，从而避免 IPO 市场被用于“圈钱”和投机。在非热销期申请 IPO 的企业本身就少，此时可以适当放宽 IPO 申请条件或限额，以支持这些技术创新企业获得融资。

第三，对热销期间申请上市的企业适当给予数量上的控制，尤其应该减少和杜绝同一行业企业的 IPO 跟风现象。

根据本书第 4 章的研究，热销期间进行 IPO 的企业良莠不齐，出于产品市场份额的考虑，在技术创新情况下原本并不需要融资的非技术创新企业也会具有 IPO 融资的需求。此时这些企业申请 IPO 的真实目的并非是为了技术创新项目融资，而是为了成为上市公司达成转型，从而提升其产品市场的占有率和利润。如果在 IPO 热销期间不对申请上市的企业数量进行限制，那么势必造成大量非技术创新企业鱼目混珠从 IPO 市场融资。这些企业的技术创新动机并不强，允许他们上市只会造成有限资源的错配。

第四，行业可行性不高，预测净利润增长率也不高，但仍然申请 IPO 的企业。

根据本书第 5 章的研究，行业可行性越高，预期净利润增长率就越高，企业提前进行 IPO 的动机就越强。提前进行 IPO 的企业既面临行业可行性风险，又面临行业技术变革风险，具有比较大的资本错配可能性。而对于处在行业可行性不高、预期净利润增长率也不高，但仍然申请 IPO 的企业，其提前进行 IPO 的动机很弱，申请 IPO 往往已经是推迟进行，那么其资本错配的可能性就比较小，也就更倾向于将融到的资金用于技术创新项目的建设。

第五，处于行业变革激烈、革命性创新层出不穷的行业的企业。

根据本书第 5 章的研究，行业变革越激烈，企业提前融资的动机就越小。允许变革激烈的行业中的企业 IPO 上市，有助于真正具有技术创新动机的企业获得融资。本身激烈的行业变革会导致企业 IPO 动机减小，但若仍然有企业申请 IPO，那么根据其决策规律可知，这样的企业必然是技术创新动机很强或已经得知其技术可行性很高的企业。所以放松这类行业的 IPO 条件，将有助于推进技术创新，推进技术变革。

第六，IPO 前已经投入大量固定资产进行项目建设的企业。

根据本书第 5 章的研究，IPO 前投入的大量固定资产，通常都是企业在技术创新项目的试探阶段所进行的第一阶段投资。第一阶段投资比例越大，企业的沉没成本就越高，此时申请 IPO 的企业其上市后放弃技术创新战略的可能性会很低，因此鼓励这类企业通过 IPO 获得融资也将有益于鼓励企业的技术创新。

由于内在动机的驱使，满足上述条件的企业都会在 IPO 上市之后具有长期的内在的技术创新动机，因此应该优先批准这些企业开展 IPO。相反，越不符合上述条件的企业，越会是 IPO 市场上滥竽充数、浑水摸鱼的企业，因此应该减少或禁止这类企业开展 IPO。

7.1.3 规范 IPO 市场以稳定二级股票市场的建议

二级股票市场动荡的主要原因通常来讲有两个，一是因为财务造假、信息披露不及时以及内幕交易等使得投资人受到欺骗，二是因为企业上市后经营不善、治理失误、战略错误导致公司质量下降利润降低，最终停牌、重组甚至退市。

本研究有助于减少由第二类原因所引起的股票市场动荡。这是因为经营不善、治理失误、战略错误等现象，从本质上讲通常都是公司上市之后技术创新动机不足引起的。从第 6 章的实证研究我们可以清楚地看到，技术创新企业 IPO 之后在二级市场上的表现非常良好，财务绩效高且保持稳定不下滑，股价回报率通常高于大盘指数且波动率较小，存活时间相对更长且存活概率更大。所以，在 IPO 阶段把好质量关，尽量让具有充分的内在技术创新动机的企业进行 IPO 融资，才不会伤害广大投资者的利益，股市才不会沦为圈钱的工具，股市的融资也就能够更好地为经济增长提供金融服务。

具体来讲，监管者和施政者只要能够尽可能确保 IPO 企业具有较高的技术创新动机，就能够有效改善股票二级市场的稳定和健康发展，而企业需要符合的具体条件与规范 IPO 市场以支持与鼓励技术创新的有关建议完全相同。

7.2 本书的研究局限与展望

尽管本书已经对企业 IPO 决策问题、技术创新动机问题、IPO 后长期绩效问题乃至于金融市场与经济发展等问题进行了深入综合的探索，但由于作者的知识能力以及研究时间有限，本书不可避免地存在许多不足之处以及可以改进的地方。这些也都将成为作者今后的研究方向：

第一，对于企业 IPO 决策问题，本书以技术创新为切入点展开研究，识别了技术信息溢出效应、产品市场竞争效应与行业技术变革风险这三个最主要的机制。但是否还存在其他机制，甚至是否还存在更为重要的机制，目前尚不得而知，有待更进一步的调研和思考。

第二，本书对技术信息溢出效应、产品市场竞争效应与行业技术变革风险效应的理论研究，分别建立在三个不同的数理模型基础上。这固然是因为受到数学工具的限制，也是为了建模的简化和分析的方便，但却难以综合考虑三种效应同时存在时的情形。尽管在行业技术变革风险研究中尝试加入了部分的信息溢出效应机制，但还显得很不够，尤其是未能将产品市场竞争效应与其他效应结合起来。对这一问题的进一步研究，即将三种效应结合在一起的综合模型，是未来研究的一个重点。

第三，由于受到数据的限制，本书的实证研究尽管很完美地支持了书中理论的各项推论，但实证上仍然比较薄弱。主要表现为：第一，样本几乎全部是上市公司，没有非上市公司，不可避免地会造成一些内生样本选择（endodgenous sampling）问题；第二，许多变量无法直接测量，有些数据难以获得，代理变量的使用虽然勉强能够解决问题，但仍不尽如人意。这些问题通过进一步广泛收集数据，做好数据整理和计算等研究工作，仍有很大的改进空间。

第四，虽然本书以技术创新动机为契机实证地研究了 IPO 后长期绩效表现问题，但未能提出一个完整的理论框架，将企业的行为、技术创新的动机与 IPO 后的表现结合在一起进行理论探讨。做这样的一个综合数理模型将会很有意义，也很具挑战性，是作者接下来长期研究的一个项目。

参考文献

[1] 沈艺峰，陈雪颖．我国首次公开发行股票的实证研究［J］．厦门大学学报（哲学社会科学版），2002（02）：79－87.

[2] 陈工孟，高宁．中国股票一级市场发行抑价的程度与原因［J］．金融研究，2000（08）：1－12.

[3] 陈巧玲．创新主体的创新动力问题探析［J］．广西社会科学，2007（06）：20－23.

[4] 傅家骥．技术创新学［M］．北京：清华大学出版社，1998.

[5] 韩德宗，陈静．中国IPO定价偏低的实证研究［J］．统计研究，2001（04）：29－35.

[6] 靳云汇，杨文．新股折价现象的实证分析［J］．统计研究，2003（03）：49－53.

[7] 厉怒江．关于技术创新动力理论的研究［J］．科学管理研究，1993（01）：67－70.

[8] 李猛．供求均衡视角下的我国企业技术创新动力研究［J］．华东经济管理，2006（10）：25－27.

[9] 廖理，张伟强．逐渐规范市场上的A股新股长期强势表现研究［J］．管理世界，2004（07）：120－126.

[10] 林毅夫，孙希芳，姜烨．经济发展中的最优金融结构理论初探［J］．经济研究，2009（09）：4－17.

[11] 刘煜辉，熊鹏．股权分置、政府管制和中国IPO抑价［J］．经济研究，2005（05）：85－95.

[12] 鲁桐，党印．公司治理与技术创新：分行业比较［J］．经济研究，2014（06）：115－128.

[13] 孙君敏，邓斌．新股发行的热销市场现象分析——中国股市的一个实证研究［J］．经济问题探索，2007（03）：170－174.

[14] 王美今，张松．中国新股弱势问题研究［J］．经济研究，2000（09）：49－56.

[15] 夏新平，汪宜霞．行为金融、信息效率与新股长期表现［J］．外国经

济与管理，2003 (04)：34 -38.

[16] 谢赤，张祺．关于中国 IPO 市场季节性变动现象的实证研究 [J]. 长沙理工大学学报 (社会科学版)，2004 (03)：50 -54.

[17] 谢薇．技术创新动力机制的 E - E 模式 [J]. 软科学，1997 (01)：21 -23.

[18] 徐文燕，武康平．承销商托市对新股初始回报的影响——对上海 A 股市场的实证研究 [J]. 当代经济科学，2002 (01)：80 -86.

[19] 许海．IPO 前后公司财务业绩变化趋势的实证研究 [J]. 山西财经大学学报，2001 (05)：84 -87.

[20] 许箫迪，王子龙，谭清美．论企业文化与技术创新的互动关系 [J]. 软科学，2002 (05)：93 -95.

[21] 杨胜刚，曾明贤．中国 A 股 "HOT ISSUE" 现象的实证检验 [J]. 证券市场导报，2006 (02)：31 -35.

[22] 应益荣，刘士杰．我国股票 IPOs 热销市场的实证研究 [J]. 江西师范大学学报 (自然科学版)，2004 (03)：232 -236.

[23] 张继强，周勇，张秉麟．IPO 折价、逆向选择与分离均衡假说 [J]. 预测，2003 (04)：46 -50.

[24] 章卫东．定向增发新股与盈余管理——来自中国证券市场的经验证据 [J]. 管理世界，2010 (01)：54 -63.

[25] 朱凯，陈信元．认购方式与 IPO 抑价 [J]. 经济科学，2005 (03)：66 -79.

[26] 朱凯，田尚清，杨中益．公司治理与 IPO 抑价——来自中国股票市场的经验证据 [J]. 中国会计评论，2006 (02)：291 -306.

[27] Aghion, P. and Bolton, P. An Incomplete Contracts Approach to Financial Contracting [J]. Review of Economic Studies, 1992, 59 (3): 473 -494.

[28] Ahmad - Zaluki, N. A., Campbell, K. and Goodacre, A. The Long Run Share Price Performance of Malaysian Initial Public Offerings (IPOs) [J]. Journal of Business Finance and Accounting, 2007, 34 (1 -2): 78 -110.

[29] Allen, F. and G. R. Faulhaber. Signalling by Underpricing in the IPO Market [J]. Journal of Financial Economics, 1989, 23 (2): 303 -323.

[30] Allen, F. and D. Gale, Diversity of Opinion and Financing of New Technologies [J]. Journal of Financial Intermediation, 1998, 8 (1 -2): 68 -89.

[31] Alt I, A. IPO Market Timing [J]. Review of Financial Studies, 2005, 18 (3): 1105 -1138.

[32] Arestis, P., Demetriades, P. O. and Luintel, K. B. Financial Development and Economic Growth: The Role of Stock Market [J]. Journal of Money, Credit and Banking, 2001, 33 (1): 16-41.

[33] Atje, R. and Jovanovic, B. Stock Markets and Development [J]. European Economic Review, 1993, 37 (2-3): 632-640.

[34] Baker, M. and Wurgler, J. The Equity Share in New Issues and Aggregate Stock Returns [J]. Journal of Finance, 2000, 55 (5): 2219-2257.

[35] Baron, D. P. A Model of the Demand for Investment Banking Advising and Distribution Services for New Issues [J]. Journal of Finance, 1982, 37 (4): 955-976.

[36] Bebchuk, L. A. and Fershtman, C., Insider Trading and the Managerial Choice Among Risky Projects [J]. Journal of Financial and Quantitative Analysis, 1994, 29 (01): 1-14.

[37] Beck, T. and Levine, R. Stock Markets, Banks, and Growth: Panel Evidence [J]. Journal of Banking and Finance, 2004, 28 (3): 423-442.

[38] Benveniste, L. M., Busaba, W. Y. and Wilhelm, W. J. Information Externalities and the Role of Underwriters in Primary Equity Markets [J]. Journal of Financial Intermediation, 2002, 11 (1): 61-86.

[39] Benveniste, L. M. and Spindt, P. A. How Investment Bankers Determine the Offer Price and Allocation of New Issues [J]. Journal of Financial Economics, 1989, 24 (2): 343-361.

[40] Benveniste, L. M. and Wilhelm, W. J. A Comparative Analysis of IPO proceeds under Alternative Regulatory Environments [J]. Journal of Financial Economics, 1990, 28 (1-2): 173-207.

[41] Bernardo, A. E. and Welch, I. On the Evolution of Overconfidence and Entrepreneurs [J]. Journal of Economics and Management Strategy, 2001, 10 (3): 301-330.

[42] Bernstein, Shai, Does Going Public Affect Innovation? (August 1, 2014). Journal of Finance, Forthcoming. Available at SSRN: http://ssrn.com/abstract=2190566.

[43] Bhattacharya, S. and Ritter, J. R. Innovation and Communication: Signalling with Partial Disclosure [J]. Review of Economic Studies, 1983, 50 (2): 331-346.

[44] Bolton, P. and Freixas, X. Equity, Bonds, and Bank Debt: Capital Structure and Financial Market Equilibrium under Asymmetric Information [J]. Journal of Political Economy, 2000, 108 (2): 324-351.

[45] Boot, A. W. A., Greenbaum, S. I. and Thakor, A. V. Reputation and Discretion in Financial Contracting [J]. American Economic Review, 1993, 83 (5): 1165-1183.

[46] Boot, A. W. A. and Thakor, A. V. Financial System Architecture [J]. Review of Financial Studies, 1997, 10 (3): 693-733.

[47] Chemmanur, T. J. The Pricing of Initial Public Offerings: A Dynamic Model with Information Production [J]. Journal of Finance, 1993, 48 (1): 285-304.

[48] Chemmanur, T. J. and Fulghieri, P. A Theory of the Going-Public Decision [J]. Review of Financial Studies, 1999, 12 (2): 249-279.

[49] Chemmanur, T. J. and He, J. IPO Waves, Product Market Competition, and the Going Public Decision: Theory and evidence [J]. Journal of Financial Economics, 2011, 101 (2): 382-412.

[50] Chemmanur, Thomas J. and Jiao, Yawen. Dual Class IPOs, Share Recapitalizations, and Unifications: A Theoretical Analysis (March 2007). Available at SSRN: http://ssrn.com/abstract=1108857.

[51] Chod, J. and Lyandres, E. Strategic IPOs and Product Market Competition [J]. Journal of Financial Economics, 2011, 100 (1): 45-67.

[52] Cull, R. and Xu, L. C. Job Growth and Finance: Are Some Financial Institutions Better Suited to the Early Stages of Development than Others? [J] World Bank Economic Review, 2013, 27 (3): 542-572.

[53] Daniel, K., Hirshleifer, D. and Subrahmanyam, A. Investor Psychology and Security Market Under-and Overreactions [J]. Journal of Finance, 1998, 53 (6): 1839-1885.

[54] Demirgüç-Kunt, A. and Levine, R. (Eds.). Financial Structure and Economic Growth: A Cross-Country Comparison of Banks, Markets, and Development [M]. The MIT Press. 2001: 443.

[55] Diamond, D. W. Financial Intermediation and Delegated Monitoring [J]. Review of Economic Studies, 1984, 51 (3): 393-414.

[56] Dockner, E. J., Jorgensen, S., Van Long, N. and Sorger, G. Differential Games in Economics and Management Science [M]. 2001: 396.

[57] Eckbo, B. E., Masulis, R. W. and Norli, Ø. Seasoned Public Offerings: Resolution of the "New Issues Puzzle" [J]. Journal of Financial Economics, 2000, 56 (2): 251-291.

[58] Fama, E. F. Efficient capital markets: A Review of Theory and Empirical

Work [J]. Journal of Finance, 1970, 25 (2): 383 -417.

[59] Ferreira, D., Manso, G. and Silva, A. C. Incentives to Innovate and the Decision to Go Public or Private [J]. Review of Financial Studies, 2014, 27 (1): 256 -300.

[60] Gompers, P. A. and Lerner, J. The Really Long - Run Performance of Initial Public Offerings: The Pre - Nasdaq Evidence [J]. Journal of Finance, 2003, 58 (4): 1355 -1392.

[61] Harris, R. D. F. Stock Markets and Development: A Re-assessment [J]. European Economic Review, 1997, 41 (1): 139 -146.

[62] Heaton, J. B. Managerial Optimism and Corporate Finance [J]. Financial Management, 2002, 31 (2): 33 -45.

[63] Hertzel, M. and Smith, R. L. Market Discounts and Shareholder Gains for Placing Equity Privately [J]. The Journal of Finance, 1993, 48 (2): 459 -485.

[64] Hirshleifer, J. The Private and Social Value of Information and the Reward to Inventive Activity [J]. American Economic Review, 1971, 61 (4): 561 -574.

[65] Holmström, B. and Tirole, J. Market Liquidity and Performance Monitoring [J]. Journal of Political Economy, 1993, 101 (4): 678 -709.

[66] Holmström, B. and Tirole, J. Financial Intermediation, Loanable Funds, and the Real Sector [J]. Quarterly Journal of Economics, 1997, 112 (3): 663 -691.

[67] Ibbotson, R. G. Price Performance of Common Stock New Issues [J]. Journal of Financial Economics, 1975, 2 (3): 235 -272.

[68] Ibbotson, R. G. and Jaffe, J. F. "Hot Issue" Markets [J]. Journal of Finance, 1975, 30 (4): 1027 -1042.

[69] Jensen, M. C. and Meckling, W. H. Theory of the firm: Managerial Behavior, Agency Costs and Ownership Structure [J]. Journal of Financial Economics, 1976, 3 (4): 305 -360.

[70] King, R. G. and Levine, R. Finance, Entrepreneurship, and Growth: Theory and Evidence [J]. Journal of Monetary Economics, 1993, 32 (3): 513 -542.

[71] Lanchester, Frederick William, Aircraft in Warfare: The Dawn of the Fourth Arm [M]. Constable, London, 1916.

[72] Levine, R. Finance and Growth: Theory and Evidence. In P. Aghion and S. N. Durlauf (Eds.), Handbook of Economic Growth, Volume 1, Part A, 2005: 865 -934.

[73] Levine, R. and Zervos, S. Stock Markets, Banks, and Economic Growth

[J]. American Economic Review, 1998, 88 (3): 537 -558.

[74] Logue, D. E. On the Pricing of Unseasoned Equity Issues: 1965 - 1969 [J]. Journal of Financial and Quantitative Analysis, 1973, 8 (1): 91 -103.

[75] Loughran, T. and Ritter, J. R. The New Issues Puzzle [J]. The Journal of Finance, 1995, 50 (1): 23 -51.

[76] Lowry, M. Why does IPO Volume Fluctuate So Much? [J] Journal of Financial Economics, 2003, 67 (1): 3 -40.

[77] Maksimovic, V. and Pichler, P. Technological Innovation and Initial Public Offerings [J]. Review of Financial Studies, 2001, 14 (2): 459 -494.

[78] Manove, M., Padilla, A. J. and Pagano, M. Collateral Versus Project Screening: A Model of Lazy Banks [J]. RAND Journal of Economics, 2001, 32 (4): 726 -744.

[79] Miller, E. M. Risk, Uncertainty, and Divergence of Opinion [J]. Journal of Finance, 1977, 32 (4): 1151 -1168.

[80] Modigliani, F. and Miller, M. H. The Cost of Capital, Corporation Finance and the Theory of Investment [J]. American Economic Review, 1958, 48 (3): 261 -297.

[81] Morck, R. and Nakamura, M. Banks and Corporate Control in Japan [J]. Journal of Finance, 1999, 54 (1): 319 -339.

[82] Myers, S. C. Determinants of Corporate Borrowing [J]. Journal of Financial Economics, 1977, 5 (2): 147 -175.

[83] Myers, S. C. and Majluf, N. S. Corporate Financing and Investment Decisions when Firms have Information that Investors do Not Have [J]. Journal of Financial Economics, 1984, 13 (2): 187 -221.

[84] Pagano, M. The Flotation of Companies on the Stock Market: A coordination failure model [J]. European Economic Review, 1993, 37 (5): 1101 -1125.

[85] Pagano, M., Panetta, F. and Zingales, L. Why Do Companies Go Public? An Empirical Analysis [J]. Journal of Finance, 1998, 53 (1): 27 -64.

[86] Pástor, L., Taylor, L. A. and Veronesi, P. Entrepreneurial Learning, The IPO Decision, and the Post - IPO Drop in Firm Profitability [J]. Review of Financial Studies, 2009, 22 (8): 3005 -3046.

[87] Pástor, L. and Veronesi, P. Rational IPO Waves [J]. Journal of Finance, 2005, 60 (4): 1713 -1757.

[88] Rajan, R. G. Insiders and Outsiders: The Choice between Informed and Arm's - Length Debt [J]. Journal of Finance, 1992, 47 (4): 1367 -1400.

[89] Rajan, R. and Henri Servaes. Analyst Following of Initial Public Offerings [J]. Journal of Finance, 1997, 52 (2): 507 -529.

[90] Reilly, F. K. Further Evidence on Short - Run Results for New Issue Investors [J]. Journal of Financial and Quantitative Analysis, 1973, 8 (1): 83 -90.

[91] Ritter, J. R. The "Hot Issue" Market of 1980 [J]. Journal of Business, 1984, 57 (2): 215 -240.

[92] Ritter, J. R. The Costs of Going Public [J]. Journal of Financial Economics, 1987, 19 (2): 269 -281.

[93] Ritter, J. R. The Long - Run Performance of Initial Public Offerings [J]. Journal of Finance, 1991, 46 (1): 3 -27.

[94] Ritter, J. R. and Welch, I. A Review of IPO Activity, Pricing, and Allocations [J]. Journal of Finance, 2002, 57 (4): 1795 -1828.

[95] Rock, K. Why New Issues are Underpriced [J]. Journal of Financial Economics, 1986, 15 (1 -2): 187 -212.

[96] Sahlman, W. A. and Stevenson, H. H. , Capital Market Myopia [J]. Journal of Business Venturing, 1985 (1): 7 -30.

[97] Schultz, P. Pseudo Market Timing and the Long - Run Underperformance of IPOs [J]. Journal of Finance, 2003, 58 (2): 483 -518.

[98] Schumpeter, J. A. The Theory of Economic Development: An Inquiry into Profits, Capital, Credit, Interest, and the Business cycle [J]. Transaction Publishers. 1934: 244.

[99] Sharpe, S. A. Asymmetric Information, Bank Lending, and Implicit Contracts: A Stylized Model of Customer Relationships [J]. Journal of Finance, 1990, 45 (4): 1069 -1087.

[100] Spatt, C. and Srivastava, S. Preplay Communication, Participation Restrictions, and Efficiency in Initial Public Offerings [J]. Review of Financial Studies, 1991, 4 (4): 709 -726.

[101] Spiegel, M. and Tookes, H. (2008). Dynamic Competition, Innovation and Strategic Financing. Retrieved from http: //icfpub. som. yale. edu/publications/2500.

[102] Stein, J. C. Efficient Capital Markets, Inefficient Firms: A Model of Myopic Corporate Behavior [J]. Quarterly Journal of Economics, 1989, 104 (4): 655 -669.

[103] Stiglitz, J. E. Credit Markets and the Control of Capital [J]. Journal of

Money, Credit and Banking, 1985, 17 (2): 133 - 152.

[104] Stoll, H. R. and Curley, A. J. Small Business and the New Issues Market for Equities [J]. Journal of Financial and Quantitative Analysis, 1970, 5 (3): 309 - 322.

[105] Subrahmanyam, A. and Titman, S. The Going - Public Decision and the Development of Financial Markets [J]. Journal of Finance, 1999, 54 (3): 1045 - 1082.

[106] Tadesse, S. Financial Architecture and Economic Performance: International Evidence [J]. Journal of Financial Intermediation, 2002, 11 (4): 429 - 454.

[107] Teoh, S. H. , Welch, I. and Wong, T. J. Earnings Management and the Long - Run Market Performance of Initial Public Offerings [J]. Journal of Finance, 1998, 53 (6): 1935 - 1974.

[108] Weinstein, D. E. and Yafeh, Y. On the Costs of a Bank - Centered Financial System: Evidence from the Changing Main Bank Relations in Japan [J]. Journal of Finance, 1998, 53 (2): 635 - 672.

[109] Welch, I. Seasoned Offerings, Imitation Costs, and the Underpricing of Initial Public Offerings [J]. Journal of Finance, 1989, 44 (2): 421 - 449.

[110] Yosha, O. Information Disclosure Costs and the Choice of Financing Source [J]. Journal of Financial Intermediation, 1995, 4 (1): 3 - 20.

[111] Zingales, L. Insider Ownership and the Decision to Go Public [J]. Review of Economic Studies, 1995, 62 (3): 425 - 448.